新闻出版实用知识丛书

图书出版

"新闻出版实用知识丛书"编委会 / 主编

西南师范大学出版社
国家一级出版社 全国百佳图书出版单位

图书在版编目(CIP)数据

图书出版 / “新闻出版实用知识丛书”编委会主编
. — 重庆 ：西南师范大学出版社，2017.8
（新闻出版实用知识丛书）
ISBN 978-7-5621-8751-6

Ⅰ. ①图… Ⅱ. ①新… Ⅲ. ①图书出版—基本知识
Ⅳ. ①G23

中国版本图书馆 CIP 数据核字(2017)第 189167 号

图 书 出 版
TUSHU CHUBAN

“新闻出版实用知识丛书”编委会 主编

责任编辑：卢渝宁 黄丽玉
装帧设计：闰江文化
排　　版：重庆大雅数码印刷有限公司・吴秀琴
出版发行：西南师范大学出版社
地址：重庆市北碚区天生路 2 号
网址：http://www.xscbs.com
邮编：400715 电话：023-68868624
印 刷 者：重庆荟文印务有限公司
开　　本：720mm×1030mm 1/16
印　　张：15.5
字　　数：181 千字
版　　次：2017 年 8 月 第 1 版
印　　次：2017 年 8 月 第 1 次印刷
书　　号：ISBN 978-7-5621-8751-6

定　　价：38.00 元

总 PREFACE 序

党的十八大提出了全面建成小康社会和文化强国建设的目标。在全面建成小康社会和建设文化强国的进程中，新闻出版业将继续承担重要任务，扮演重要角色。

近年来，新闻出版业转型升级和融合发展对新闻出版从业技术人才队伍建设提出了更高的要求，新闻出版行业人才队伍素质的基础性、战略性、决定性作用将更加突显，这也成为新闻出版人才培养和成长的大好时机。《国民经济和社会发展第十三个五年规划纲要》明确指出：人才是“支撑发展的第一资源”，人才就是生产力，要加快建设人才强国。国家将推动新闻出版名家工程、新闻出版领军人才工程、数字出版千人计划、版权专业人才培养计划、经营管理人才素质提升工程、国际化外向型人才培养工程、民文出版人才支持计划、高技能人才培养工程、新闻出版智库建设等与国家规划重大人才工程相对应的重点人才建设工程，通过项目培养人才，促进人才发展，落实人才发展优先战略，一批复合型经营管理人才、数字出版人才、现代行政管理人才将不断地涌现出来。

不积跬步无以至千里。新闻出版人才队伍建设是一项长期性的基础工作。近年来，重庆市文化委员会一直在人才队伍、行业培训方面做着积极且有益的探索，配套出台了一系列政策措施，以重庆市出版工作者协会为枢纽，邀请业内相关专家，以定期开展讲座的形式，对全市新闻出版从业人员进行集中培训，为广大新闻出版一线工作者提供相互交流的机会，取得了良好的效果，为重庆新闻出版人才队伍建设做出了积极的贡献。

为帮助从业人员掌握行业知识、业务要求及流程，社会大众了解行业相关标准规范和国家相关政策，提升新闻出版行业的服务与管理水平，在重庆市文化委员会的大力支持下，由重庆市出版工作者协会牵头，聚集业内相关专家学者、行业管理人员等，组织编写一套可供新闻出版从业人员、社会大众和新闻出版管理人员学习、运用的实用性知识技能丛书——“新闻出版实用知识丛书”，这是重庆新闻出版人对出版认识的理性积累和宝贵经验的总结。

“新闻出版实用知识丛书”不是一套新闻出版专业技术人员职业资格考试辅导教材，而更多的是一套面向新闻出版行业，为从业者与行业管理者终身学习服务的工具书。它的出版对进一步推动我市乃至全国新闻出版专业技术人员的政治、业务学习和加强新闻出版人才队伍建设将发挥积极的作用。

丛书涵盖面广，分为《图书出版》《报刊出版》《数字出版》《音像电子出版》《著作权与版权贸易》《出版物印刷》《出版物发行》7册，每册力求做到密切结合新闻出版工作实际，注重突出基础知识、基本技能。丛书的编写融出版行业相关国家政策、行政管理法规、出版各环节实际操作于一体，有较强的实际操作性。丛书采用针对性更强的一问一答的形式进行编写，一看就会，一学就懂，使丛书面向更广的读者群体。

丛书的内容重在从业人员必须掌握的新闻出版行业法律法规、从业的基本知识和基本技能；丛书的编写也更加突出工作中应掌握的相关知识、从业者希望了解的知识和服务机构经常被咨询与受理的疑难问题。简而言之，丛书内容既有从业人员必须掌握的知识和技能，也有管理部门应告知服务对象的相关政策，是新闻出版行政管理人员、出版专业技术人员的常备工具书。

丛书内容繁多，尽管我们尽量吸收了目前最新的政策法规、吸纳了行业同人的意见和建议，但部分内容特别是一些政策法规会在改革中不断变化，加之编者水平有限，书中的错漏不足之处难免，还望读者批评指正。

重庆市出版工作者协会

前 FOREWORD 言

书籍是人类进步的阶梯。图书出版是传承民族文化、传播科学知识、传递思想精神的主要渠道。从事图书出版业责任重大,使命光荣。

《图书出版》是"新闻出版实用知识丛书"中的一本。按丛书编撰要求,该书以介绍图书出版从业知识技能为主要内容,立足于服务图书出版行业从业人员和管理人员以及想了解图书出版知识的读者。内容包括:图书出版基本知识、图书出版管理及附录。全书采用问答式编写,通过对问题的具体回答逐步解读图书出版的方方面面,并配有必要的插图说明,言简意赅,形式活泼,是一本适用性较强的工具书。

参加本书编写和审定的人员中,既有长期从事编辑、出版、校对等实际工作的一线工作者,也有长期从事图书出版管理工作的出版领军人。编撰过程中,编写者力图避虚就实,尽可能突出了实用性和可操作性,相信会对读者有所裨益。

编撰中难免还有一些不尽如人意之处,欢迎读者批评指正。

目 CONTENTS 录

第一部分　图书出版基本知识

六、图书的成本与定价 / 114

七、图书出版编辑应用文的写作 / 118

附　录

后　记

第一部分 图书出版基本知识

一、图书的基本知识

1. 什么是出版物？出版物有哪些特性和种类？

出版物是指已出版的以传播为目的贮存知识信息并具有一定物质形态的作品。

出版物的特性主要有：①出版物是精神文化内容的载体。②出版物具有一定的物质载体，是一种商品。③出版物是精神文化内容和物质产品形态两者统一的出版活动产品。

出版物的种类有：图书、报纸、期刊、音像制品、电子出版物、互联网出版物等。

2. 什么是图书？

图书是出版物的主要类型，即用印刷方式复制，以纸为载体，可以重印的非连续性出版物。《图书出版管理规定》中所称的图书主要是指书籍、地图、年画、图片、画册，含有文字、图画内容的年历、月历、日历，以及由国家新闻出版行政部门认定的其他内容载体形式。

3. 图书的外表形态包括哪些部位?

图书外表形态主要包括面封、底封、书脊、书口、书顶、书根，如图1所示：

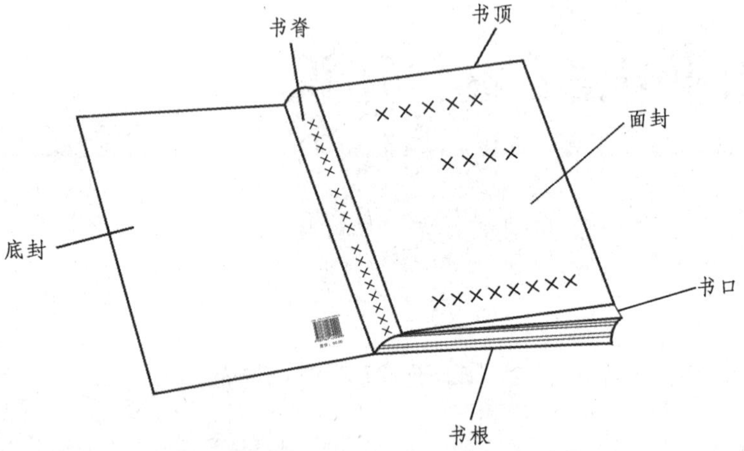

图1　图书的外表形态

面封又称“前封面”“封一”，位于图书的最前面，是广义的封面的组成部分。面封应印上书名、作者名和出版者名，多卷书要印明卷次。

底封又称“封底”“封四”，位于图书的最后面，是广义的封面的组成部分。底封的右下角应印上中国标准书号及其条码和定价。

书脊又称“脊封”，是广义的封面的组成部分，位于图书的书页订合处，与书口相对应。

书口又称“外切口”，它的主体部分是图书的内文书页的一侧边缘。因为这里的各页书页并未订合在一起，因此图书可以在书口处自由打开。

书顶位于图书的最上端，又称“上切口”“书首”，它的主体部分是图书的内文书页的一侧边缘。

书根与书顶相应，又称“下切口”，它的主体部分也是图书的内文书页的一侧边缘，只是所处的位置在图书的最下端。

4. 图书的基本组成部分有哪些？什么是书心、书页和书帖？书页有哪些类型？

图书的基本组成有两大部分，即书心和外部装帧物。

书心是图书的主体，是图书中承载图书主体内容的部分，包含图书内文全部书页。

书页指有一定幅面尺寸，通常印有图文的单张纸页。

书帖指成叠的书页集合体，由一定规格的纸张经正反两面印刷并经若干次折页后形成。

书页按组合方式可分为两种，即集合型书页和单页型书页。

集合型书页即是以书帖形式存在书刊中的书页。

5. 图书的页和面有什么联系？

图书中的“页”类似于“张”，指书页的张数，而一张纸的正反两面，都用“面”指称。一页包含两个页码，或者说包括两面，因此两个页码或两面算一页。如出版印刷中提到的“四页”，即指“八个页码”。

6. 什么叫开本？开本主要有哪些种类？

开本是表示图书幅面大小的用语，指图书成品正面的几何尺寸，是用全张印刷纸开切的若干等分。

从不同角度进行分类，开本的种类是不一样的。按纸张开切法的不同，开本可分为正规开本和特殊开本；按开数大小，开本可分为大型开本、中型开本和小型开本；按边长比例，开本可分为竖开本和横开本。

7. 国内标准和国际标准各有哪些开本规格?

国内标准和国际标准的开本及其幅面尺寸如表 1 和表 2 所示:

表 1 国内标准开本及其幅面尺寸

开本	成品尺寸(mm×mm)	开本	成品尺寸(mm×mm)	开本	成品尺寸(mm×mm)
16 开(720×1020)	165×235	16 开(850×1168)	205×285	32 开(889×1194)	108×210
	170×230	16 开(889×1194)	180×285		140×170
	170×242		210×285		140×190
	160×237	16 开(890×1240)	210×285		140×197
	160×240		210×297		140×210
	165×235	24 开(787×1092)	170×185		140×213
	167×242	24 开(889×1194)	175×190		145×210
	169×239		190×210	32 开(890×1240)	148×210
	169×242	32 开(710×1020)	105×165		148×220
	170×235	32 开(787×1092)	105×185	32 开(940×1360)	152×220
	170×240		117×184		153×220
	172×242		130×185		155×220
16 开(787×960)	185×230	32 开(800×1100)	129×189		160×200
16 开(787×1092)	177×235	32 开(850×1168)	135×209		160×225
	180×255		140×202	48 开(787×1092)	92×172
	180×256		140×203	64 开(890×1240)	105×148
	180×260		140×210		92×130
	183×260	32 开(880×1240)	148×210	横 8 开(787×1092)	230×305
	185×250	32 开(880×1230)	140×210		370×260
	185×260		148×208		
	190×260		148×210		

备注:表内开本数后括注的数字为未裁切单张纸尺寸。

表 2 国际标准开本及其幅面尺寸

单位:mm

系列	未裁切单张纸尺寸	已裁切成开本	
		代号	成品尺寸(允差±1mm)
A	890×1240M	A4	210×297
	890M×1240	A5	148×210
	890×1240M	A6	105×144
	900×1280M	A4	210×297
	900M×1280	A5	148×210
	900×1280M	A6	105×144
B	1000M×1400	B5	169×239
	1000×1400M	B6	119×165
	1000M×1400	B7	82×115

备注:①表中的 A,B 表示开本尺寸系列的代号。
②A 和 B 代号后面的数字,表示将全张纸对折长边裁切的次数。如 A4 表示将全张纸对折长边 4 次裁切为 16 开;A5 表示将全张纸对折长边 5 次裁切为 32 开。
③表中未裁切单张纸尺寸后面的 M,表示纸张的丝绺方向与该尺寸边平行。

8. 图书装订样式分哪几类?各有什么特点?

图书的装订样式有平装、精装、骑马订装、线装和散页装等。

①平装亦称“简装”,分普通平装和勒口平装两种。平装封面通常为较牢固、厚实的软质纸,封面把书心包住后,封面书脊与书心的书背粘牢构成一个整体;封面与书心大小相同并且平齐。

②精装封面通常质地较硬,保护书心的作用超过平装所采用的软质纸封面;封面表面装帧讲究、耐用,不易磨损;封面略大于书心。精装又分为全纸面精装、纸面布脊精装和全面料精装三种。全纸面精装保护书芯作用较强,制作成本相对较低;纸面布脊精装保护书芯作用也较强,但相比全纸面精装制作成本相

对高一些；全面料精装往往在书壳外面再包裹护封，因其考究、精致的程度胜过前两种精装样式，制作成本相对较高。三种精装样式还要选择确定书脊的形状是平脊还是圆脊。

③骑马订装封面通常为较牢固、厚实的软质纸；封面与书心大小完全相同并且平齐；书脊窄，呈圆弧形，不能印刷文字；订书用的铁丝明显露出；只适合书页数较少的图书。

④线装是中国传统的书籍装订样式，主要用于古籍类图书，目前也为其他图书装帧设计所借鉴。线装的封面通常为合适的软质纸，书心与封面用线订联成册，订线露在外面。

⑤散页装书页不订合成册，以单页的形态装在专用的外包装袋或外包装盒内，形成卡片式或挂图式图书。

除上述几种装订样式外，还有软精装等样式。所谓"软精装"，实际上是平装图书样式吸收了精装图书封面比较硬的特点发展而来的一种装订样式，又称"半精装"，是在勒口的前封面和底封面内各添加一张一定厚度的卡纸，使封面的硬度、挺括程度超过一般平装图书。

9. 图书有几类结构部件？分别包括哪些部分？

图书的结构部件分为必备结构部件和可选结构部件两大类。必备结构部件包括封面、主书名页和正文书页。可选结构部件包括腰封、护封、书函、书套、环衬、衬页、附书名页、目录页、插页、辑封与篇章页。

10. 图书的封面、书名页、扉页、版权页各应载明哪些基本信息？

图书封面由面封（封一）、底封（封四）、书脊、封里（封二）和底封里（封三）构成。面封应载明的基本信息有书名、作者名和出版者名，多卷书要印明卷次；底封应载明的基本信息是中国标准书号及其条码和定价；按照规定，宽度大于或等于5毫米的书脊应载明的基本信息是主书名和出版者名（或其图案标志）；图书的封里、底封里一般保持空白，也可根据设计需要，设置一些与图书内容相关的图文。

书名页指图书正文之前载有完整书名信息的书页，包括主书名页和附书名页。图书必须有主书名页，附书名页可选用。主书名页上应载明的基本信息有书名、作者名、出版者名、版权说明、图书在版编目（CIP）数据、版本记录等。主书名页包括扉页和版权页两部分。附书名页应列载丛书、多卷书、翻译书、多语种书、会议记录等信息。

扉页是书籍封面或衬页之后、正文之前载明书名、作者、出版者信息的一页，位于主书名页的正面，即单数页码面。

版权页又称"版本记录页"，位于主书名页的背面，即双数页码面，主要是对每一种书的出版做历史性记录，让读者了解本书的出版情况。版权页应载明的基本信息包括图书的版权说明、图书在版编目（CIP）数据和版本记录等。如果空间允许，一些图书在版权页的上方载有本书的内容简介。

11. 什么是图书在版编目（CIP）数据？主要标注哪些内容？

图书在版编目（CIP）数据是指依据一定的标准，在图书出版过程中编制并印在图书上的书目数据，排印在版权页的中部位置。

图书在版编目（CIP）数据主要标注的内容为著录数据和检索数据两部分，著录数据包括书名与作者项、版本项、出版者项、丛书项、附注项、标准书号项，检索数据包括图书识别特征的检索点和内容主题的检索点。如图2所示：

图书在版编目(CIP)数据

龟兹文化词典 / 王建林等主编．— 重庆：西南师范大学出版社，2014.3

ISBN 978-7-5621-6689-4

Ⅰ．①龟… Ⅱ．①王… Ⅲ ①龟兹— 文化 — 词典 Ⅳ．① K294.5-61

中国版本图书馆CIP数据核字（2014）第035719号

图 2 图书在版编目(CIP)数据

12. 什么叫印张、版次和印次？印张如何计算？

印张是计算出版物篇幅量的单位，一张全张纸的一半(一张对开纸)两面印刷后为一个印张。

版次即出版的次数，指同一本书经修改再出版的次数。不经修改而再次出版的称为重版或重印。

印次指一本书印刷的次数。

在开本确定的前提下，一个印张书页的面数与开数相同，而页数是开数的 1/2。如对于 16 开本的图书来说，一个印张有 16 面，合 8 页。计算一本图书的印张数量，用图书的面数除以开数即可得出，即印张数＝面数÷开数。例如，某 16 开图书正文有 320 个页码，那么，其正文印张数的计算是:320(页码数)÷16(开数)＝20(印张)

13. 什么是版面字数？版面字数是如何计算的？图书总字数如何计算？

(1)版面字数及其计算方法

版面字数有两种含义，一种是从容纳正文数量角度定义，即每个版心可以容纳的印刷符号数量，一般不包括书眉、页码。计算版面字数时，须先根据版心的高与宽以及所选定的字级和行距(有时还有字空)大小，计算确定每行应排字数和每面应排行数，然后再将每行字数乘以每面行数。另外一种是版权页标注的出版字数，也叫图书的总字数。根据《图书差错率计算方法》的规定，书眉和页码也要计入总字数。受各种因素的影响，实际字数总是少于版面字数。

(2)图书总字数计算方法

根据《图书差错率计算方法》的要求，图书总字数的计算一律以该书的版面字数为准，即：总字数＝每行字数×每面行数×总面数，并且规定：

①除环衬等空白面不计字数外，凡连续编排页码的正文、目录、辅文等，不论是否排字，均按一面满版计算。分栏排版的图书，各栏之间的空白也计算版面字数。

②书眉(或中缝)和单排的页码、边码作为行数或每行字数计入正文，一并计算字数。

③索引、附录等字号有变化时，分别按实际版面计算字数。

④用小号字排版的脚注文字超过5行不足10行的，该面按正文满版字数加15％计算；超过10行的，该面按注文满版计算字数。对小号字排版的夹注文字，可采用折合行数的方法，比照脚注文字进行计算。

⑤封一、封二、封三、封底、护封、封套、扉页，除空白面不计以外，每面按正文满版字数的50％计算；版权页、书脊、有文字的勒口，各按正文的一面满版计算。

⑥正文中的插图、表格，按正文的版面字数计算；插图占一面的，按正文满版字数的20％计算。

⑦以图片为主的图书，有文字说明的版面，按满版字数的50％计算；没有文字说明的版面，按满版字数的20％计算。

⑧乐谱类图书、地图类图书，按满版字数全额计算。

⑨外文图书、少数民族文字图书、拼音图书的拼音部分，以对应字号的中文满版字数加 30%计算。

14. 什么是中国标准书号？中国标准书号是由哪些要素组成的？

中国标准书号是国际标准书号(ISBN)系统的组成部分，是 ISBN 系统为在中国依法设立的出版者所出版或制作的每一专题出版物及其每一版本提供的唯一确定的和国际通用的标准化识别代码，相当于我国出版物的“身份证”。

中国标准书号由标识符 ISBN 和 13 位数字组成。其中 13 位数字分别由 EAN · UCC 前缀、组区号、出版者号、出版序号、校验码五部分组成，数字的各部分以短横线隔开。EAN · UCC 前缀由三位数字组成，是国际物品编码协会分配的产品标识编码。中国的 EAN · UCC 前缀为 978。组区号是一个语言或地理区域、国家或集团的代码，由国际标准书号中心分配。我国大陆所分得的组区号为 7，香港为 962，澳门为 972，台湾为 957。出版者号标识具体的出版者。其长度为 2 至 7 位数，由中国 ISBN 中心设置和分配。出版序号是按出版物的出版次序连续编制的序号。未使用国家新闻出版广电总局书号实名申领系统前，图书的出版序号由出版社自行编制分配；使用书号实名申领系统后，上版序号根据出版社申报批准顺序自动生成。出版者号和出版序号连在一起共为 8 位数字。校验码采用模数 10 的加权算法对前 12 位数字计算后得出。

15. 13 位书号校验码是如何计算的？

第一步，计算加权和：将 ISBN 后 12 位中的奇数位数字相加，得一和数。再将偶数位数字分别乘以 3 相加得另一和数，将两和数相加即得到加权和。第二步，计算余数：将加权和除以10，取其余数。第三步，计算校验码：即用10减去余数，所得之差即为校验码。

16. 如何正确分配和使用中国标准书号？

①对每一种不同形式的图书分别使用一个ISBN编号，即同一种图书的不同装帧形式（精装、平装等），同一种图书的不同版本（修订版、年度版），相同内容不同开本的图书和相同内容不同文字类别的图书，都应单独使用书号。

②多卷本的丛书、套书（含上、中、下册图书），应根据定价分配书号。丛书、套书的每分卷（册）分别定价，可分卷（册）销售，每分卷（册）应分别使用一个ISBN编号，分别统计品种；若丛书、套书的各分卷（册）不分别定价，全套书只有一个总定价，不能分册销售，可作为一个品种使用一个ISBN编号。

③重印或再版没有ISBN编号的库有图书，必须补编ISBN编号。

17. 什么是图书条码？图书条码应印在图书什么部位？

图书条码是出版物条码的一种，是中国标准书号的机读形式，由一组根据EAN规则排列的条、空及其对应字符组成的表示一定信息的出版物标识。凡在中国注册出版的图书必须在使用中国标准书号的同时，使用相对应的条码。

图书上的条码印制优选位置为封底右下角，且距外切口和下切口的距离不小于15mm。非纸质封面的条码印刷在图书封二的左上角或图书的其他显著位置。条码符号条的方向与装订线平行。

18. 什么是目录页？

目录页指列载图书目录的书页。目录页将正文内容的全部标题或者主要标题按次序编排成条目，通常随正文书页一起印制，是其中第一个书帖中的一部分，属集合型书页。目录从单页码面起排，位于主书名页之后、正文之前，用纸宜与其之前的书页相同，或与其之后的正文书页相同。部分图书因设计要求采用与正文书页不同的纸张对目录另行印制，以单页型书页形式出现。

19. 什么是正文书页？

图书中承载该书主要精神文化内容的物质载体，就是正文书页。正文书页是任何图书不可或缺的重要结构部件，与主书名页一起构成书心，一般是用同种纸张一起印刷并折成书帖后再行裁切，属于集合型书页。在出版实践中，“正文”是多义的，就一本书的整体来说，正文既可泛指书心，不把部分辅文分离出去，又可把书心中的部分辅文排除在外，而包括大部分集合型书页所载的图文内容。最单纯的正文书页，仅承载作为图书内容的作品本身及根据版面的需要而添加的页码，有时加一些辅助文字或装饰图案等。一般来说，图书中承载各种内容的书页，如果与作品本身一起采用相同纸张印制，都可归属正文书页。无论是否存在辅文，作品本身都应该在正文书页中从正面即单页码面起排。

20. 什么是腰封？

腰封属于图书的外部装帧物，是包勒在图书封面中部或底部的一条纸带，可印与图书有关的宣传图文。

腰封的设置需符合以下几方面的要求：一般用牢固度较高的纸张制作，高度相当于图书高度的三分之一（也可更大一些，但不超过图书高度的二分之一），宽度必须达到能包裹封面的面封、书脊和底封，而且两边各有一个勒口；在设计上，要注意腰封文案和封面文案不要混淆，要根据其不同特点，把握好书载广告在腰封和封面上的合理布局；腰封所载图文切忌浮夸。

21. 什么是护封、书套和书函？

护封就是为了保护封面而包裹在硬质（或厚纸）封面外的护书纸。

书套就是规格略大于需要放置的图书的一侧开口的硬质纸盒。

书函类似一个盒子，用厚纸板作里层，外裱织物，其作用为安放、保护图书。

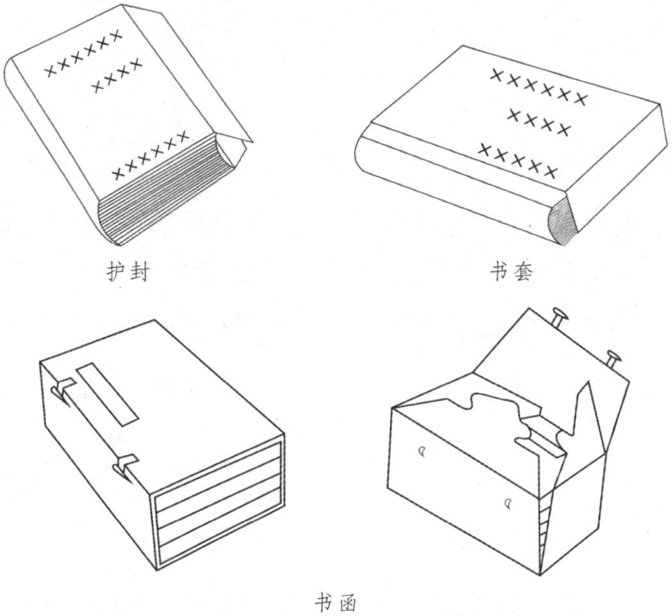

图 3　护封、书套和书函

22. 什么是衬页和环衬？

衬页就是衬垫在封面和书心之间的过渡性单页型书页。衬页一般用比封面纸稍薄、比正文纸稍厚的纸张制作。衬页既可选用白纸，也可选用彩色纸。它既可以保护书名页，也可以美化装帧。衬页一般衬在封里与书名页之间，底封里与书心末页之间也可加衬页。其页面通常是空白的，也可在一面或两面印上装饰性图案。

环衬是设置在封面与书心之间的过渡性单页型双连书页。环衬由两张与正文书页一样大小的书页组成。每个环衬共有四个页面。设在书心之前的称“前环衬”，设在书心之后的称“后环衬”。对精装图书而言，环衬是必备的结构部件，必须前、后环衬同时使用。对平装图书而言，环衬是可供选择的结构部件，可以只用前环衬不用后环衬。如果前环衬的后一页印有主书名页或者附书名页上必须具备的各种文字，则其可兼作主书名页或附书名页。

23. 什么是插页？

插页指印有与图书内容相关的图形、图像或题词、口号、献词等文字的书页。插页用纸要比正文书页稍厚，可根据数量或者图书性质来选择用集合型书页形式或者单页型书页形式。

插页在图书中的位置较灵活。一般来讲，插页内容较为重要，印有口号或献词的单页型插页，应该设在图书前部，位于主书名页之前，也可紧接其后；印有题词的插页，无论是哪种书页，都应设在图书前部，紧接在主书名页之后；印有各种图形、图像的插页，可以视设计需要置于图书前部、中部或末尾。

位于图书前部的插页，页码一般采用暗码形式，不计入正文页码序列。位于图书中间或末尾的插页，如是集合型插页，页码采用明码形式，不计入正文页码序列；如是单页型插页，可以采用明码形式，也可采用暗码形式，并计入正文页码序列。

24. 什么是辑封和篇章页？

辑封和篇章页是插在正文书页当中的部件，与正文书页在形态上是相同的，但所载内容稍有不同。辑封印有分辑（部、卷、编）图书中各辑（部、卷、编）的序次或名称，篇章页印有图书各篇、章的序次或标题，如图 4 所示：

辑封

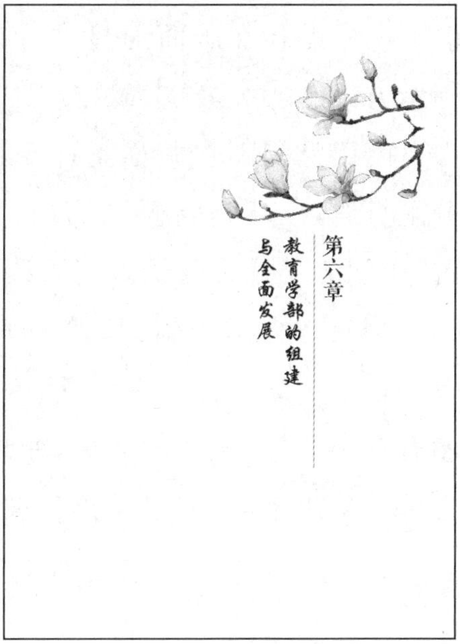

篇章页

图 4　辑封和篇章页

25. 什么是图书辅文？

图书辅文是相对图书的正文而言的，是正文的辅助文字，是对正文的必要补充。

图书常见的辅文有：封面文字、书脊文字、口号页文字、呈献页文字、题词、主书名页正面文字、主书名页背面文字、附书名页文字、内容介绍、作者介绍、出版前言、出版后记、序言、凡例、目录、跋、注释、附录、参考文献、索引、大事年表、名词解释、译名对照表、人物表、宣传语、勘误表。根据所处的位置与正文的关系，图书辅文又可分为文前辅文、文内辅文、文后辅文。

26. 图书页码的标示方式有哪几种?

页码是标明版面顺序的序号。按照标示方式的不同,页码分为明码和暗码。

明码是指在版面上显性标出的页码,也是最为多见的页码标示方式。

暗码是指不在版面上印出的页码。虽然没有标出,但必须分配页码,也就是暗码页面前后的明码页面上的页码是非连续的,中间应跳过分配给暗码页码的序号。

暗码通常用于辑封、篇章页、另页起排时必须留的空白页等。如果页码设计在天头处,一级标题的第一面一般采用暗码。印有各种图形、图像的插页,如果是单页型书页,一般采用明码,也可以采用暗码;如果是集合型书页,则必须采用明码。

27. 什么是空码? 图书中哪些部件要用空码标示?

空码指页面不编页码,没有页码。它是不存在的页码,不同于暗码。

环衬、衬页、主书名页、附书名页等,位于图书前部的口号页、印有献词的呈献页、题词页等插页,都采用空码。为了印刷工艺的需要,图书最后不得不保留的没有任何内容的空白页,作空码处理。夹在图书中的单页型插页,也可采用空码。

28. 什么是图书版面? 图书版面有哪些类型?

图书版面是成品图书页面上图文与空白部分的总称。

按不同标准可将图书版面分为不同的类型。按形成方式,可分为普通版面与和合面(和合面是由前一张书页的反面页面与后一张书页的正面页面对合构成的一个大版面);按文字排列方向,可分为横排版面、竖排版面、混合型版面;按版心分割情况，可分为通栏版面、多栏版面、复合分栏版面。

29. 什么是版心？版心的组成成分有哪些？

版心就是版面中除去周边空白后文字和图表所在的区域，如图 5 所示。版心由文字、符号、图表、线表、底纹以及间空组成，一般不包括书眉、中缝和页码。

图 5 版心

30. 什么叫字行、字体、字级？

字行是图书版心中印刷字的基本组合形式，由若干文字和各种符号接续线性排列形成。

字体是指供排版印刷用的规范化文字形体。汉字的印刷字体常用的有宋体（老宋体或古宋体）、楷体、仿宋体（真宋体）、黑体、长仿宋体、扁体、长黑体等。

字级又称字号，是指版面所排文字的大小级别。目前常用的字号有初号、小初号、一号、二号、三号、四号、小四号、五号、小五号、六号、七号等十一种。详见附录一。

31. 什么是间空？间空包括哪些内容？

间空是指图书版心中的空白部分，包括字空、行空、空白行、段空、栏空和图表的边缘空白。

32. 什么是版口和周空？

版口指图书版心四周的边沿。

周空指页面边沿的四个狭长的矩形空白，分别称为天头、地脚、订口、翻口。

33. 什么是天头、地脚和书眉？

天头指处于版心上方的白边，又称“上白边”。

地脚指处于版心下方的白边，又称“下白边”。

书眉指版面天头处排列的文字及符号。一般用来检索篇章内容，也具有装饰作用。

34. 什么是订口和翻口？

订口指位于版心内侧的白边，又称“内白边”，紧挨着书页的订合处。

翻口指位于版心外侧的白边，又称“外白边”，沿着它可翻动书页。

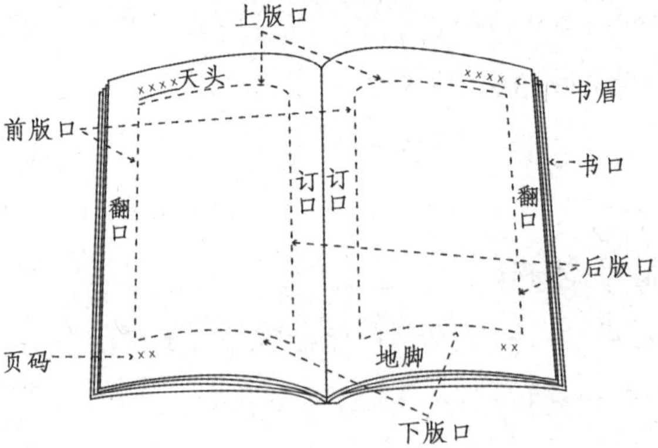

图6 图书的版面

35. 什么是图书的“中式翻身”和“西式翻身”？

“中式翻身”指图书的翻口在读者的左边，订口或书背在读者的右边，文字一般是坚排，翻阅时从左至右。

“西式翻身”指图书的翻口在读者的右边，订口或书背在读者的左边，文字横排，翻阅时从右至左。

36. 什么是图书的插图？

图书的插图是图书版面的组成部分和版式设计要素之一，指以文字为主的图书版面中所附的图，有的印在正文中间，有的用插页方式，是对正文叙述文字的形象说明，可弥补文字表述的不足，也可起艺术欣赏作用。

图 7　图书的插图

37. 什么是丛书？什么是套书？丛书与套书的主要区别是什么？

丛书指按一定的目的，在一个总名之下，将各种著作汇编于一体的一种集群式图书，也称丛刊、丛刻、汇刻书、套书。

套书并不是专称，只是一套书的简称。一般所谓的套书，至少在题材或内容上有一定的内在延续性。

丛书多为同一类型，不同作者，分为多册出版，内容无连贯性；套书一般是同一作者或同一编者完成，内容上下连贯，两册或以上。

二、图书的策划与组稿

1. 图书出版编辑如何收集和处理图书出版信息？

图书出版信息收集的方法主要有：①图书交易场所调研。这是获取消费者信息、出版业市场信息最主要的渠道。主要是调研图书品种、向直接销售人员咨询、向消费者做口头或问卷调查以及参与和观摩国际书展等。②文献检索。利用图书馆、档案馆、出版单位资料室以及专为出版界提供出版信息服务的机构，获取相关的图书出版信息。③关注大众媒体。图书出版编辑要学会利用传统媒体和信息网络，包括出版单位网站、网上书店、出版信息服务网站、网上报刊、网上图书馆等进行出版信息收集。④人际交往。编辑通过与作者沟通和联系、与同行进行交流、参加各种学术会议等社会活动，获取第一手资料。⑤专业市场调查。可借助专业的市场调查机构收集相关信息。

信息的处理是信息采集的关键部分，是把收集到的信息通过筛选、加工，转化成便于传递、存储和使用的形式的过程，包括筛选（经识别、整理、核实，剔除无用信息）、加工（经组合、整理、分析，使信息有序化、系统化）、存储（建立信息库）、使用四个步骤。

2. 图书出版编辑如何利用好大数据？

大数据又称巨量数据、海量数据、大资料，指的是所涉及的数据量规模巨大到在合理时间内无法通过人工进行截取、管理、处理，并整理成为人类所能解读的信息。大数据时代的到来对传统出版产业带来众多影响，并由此对图书编辑提出了许多新要求，只有适应这些影响且具备相应的应对能力，才能顺应出版产业新形态的时代发展，履行推动文化传播的重要职责。出版单位的核心数据包括选题、印制、发行、重印、销售、人力、办公。其中销售数据是其他数据的源泉，所有环节都由销售数据驱动。

图书编辑要学会对核心数据进行分析，要牢牢把握图书市场趋势，通过搜集、记录、整理、分析图书从生产到消费全过程的供需情况，系统掌握显在市场和潜在市场的情报和数据，为市场预测和经营决策提供依据，确保选题的有效实施。

3. 策划图书选题有哪些步骤和要求？

选题策划是出版工作的重要环节，出版社的全体编辑人员应认真履行编辑职责，积极参与选题策划工作。

(1)图书选题策划的步骤

①收集和梳理信息。要注意广泛收集、积累、研究与本社出书内容有关的信息，注意加强与相关学术、科研、教学、创作等部门和专家、学者的联系，倾听他们的意见，提高策划水平。特别要注意筛选和识别信息，能够筛选出对自己工作有用的信息，将其中过时的、重复的、不准确的信息剔除，把有价值的信息保留下来，去粗取精、去伪存真。在此基础上进一步整理和分析，建立自己的信息资料库。

②设计和构思选题。就是整合信息并在此基础上设计出具体的选题，构思图书的总体结构。要着重把握几个问题：一是选题内容涉及领域的发展状况；二是社会生活的发展态势；三是时代的文化脉搏。

③选题论证。选题论证是指结合出版社的特色定位、作者

的写作能力、编辑的学养与专长等实际情况，确定选题能否成立，或者对选题存在的问题进行更正的过程。选题论证是保证选题质量的重要环节，出版单位应严格执行选题的三级论证制度。一般一级为拟任责任编辑的人员，二级为编辑部，三级为出版社选题论证委员会。出版社大都建立有论证机制。选题论证既要论证选题的可行性，又要考虑各类选题的合理结构。

④选题优化。选题的优化就是结合出版各个环节的实际情况，对原有选题不断地进行修改和完善。选题优化会使原有选题更加清晰，可操作性更强。

（2）图书选题策划的要求

选题策划的要求分为原则要求和具体要求。任何图书的选题策划都必须符合以下原则要求：贯彻出版方针，严格遵守法律法规，处理好社会效益和经济效益的关系，正确引导消费者，具有独创性。选题策划除必须遵循以上原则要求之外，还应注意针对性、前瞻性、可行性等。

4. 图书选题策划中要考虑和分析哪些问题？

图书选题策划中要考虑和分析以下三个方面的问题：

①图书的内容与形式。确定图书的内容与形式首先要确定目标读者群即读者对象。读者对象的确定，关系到图书内容层次、篇幅、表现形式、发行范围、促销方式的规划等各个方面。确定了读者对象后，编辑就可以提出选题的内容及形式设想。内容主要包括主题和体裁；形式主要包括书名、篇幅、开本、装订样式、版面形式等。只有充分考虑图书的内容与形式才能使选题更加具体。同时，为了使自己策划的选题能够保持一定的市场竞争力，编辑在策划选题时必须做好与同类图书的比较工作。

在与同类图书进行比较时，主要从选题的基本内容、主要特点、设计形式、出版时机、写作方法、读者反应等方面进行客观细致的分析，进而确定自己的着力点。

②图书的实施。要想将选题构思顺利转化为产品，首先要确定拟请的作者。要从作者的工作单位、专业技术职务、学术水平、研究成果、写作能力和风格等方面进行全面考虑，选择最适合的作者。其次是尊重编辑出版工作的规律，合理安排交稿时间、发稿时间、出版时间、宣传时间、销售时间等。

③选题的营销。编辑策划选题时应对目前图书市场状况进行充分的分析，并对未来市场状况做出有效预测，包括社会效益预测和经济效益预测。社会效益预测包括选题的学术价值和文化价值，即图书的出版能够对先进生产力的发展、对先进文化的前进方向的引导和对中国最广大人民根本利益的提高产生哪些积极作用。经济效益预测是用本量利分析原理（利用成本费用、销售数量、利润三者之间变量关系的内在规律），在对印数做出估计的基础上分析资金投入、产出状况，最终确立营销策略。

5. 图书选题策划时进行成本预测和定价估计的原则有哪些？

图书的成本预测有助于选题的实现与风险的控制。编辑必须要有成本意识和市场风险意识，从成本的角度、市场的高度寻求和开发适销对路的选题，追求图书成本的最小化和利润的最大化。策划编辑要在确保质量的前提下充分考虑如何降低成本、缩短生产周期、确定合理的印数、减少库存积压等问题，运用本量利分析原理进行数据测算，在工艺使用、纸张材料选择、成本确定和控制、定价、出版数量、出版周期等方面做出全面分析，以确定最经济的成本、最符合市场需求的定价、合理的出版数量和最佳出版时机。图书成本预测和定价方法在本书中另有涉及。

6. 图书选题申报列选有哪些程序?

图书选题申报列选的程序一般如下所示:

编辑填写选题申报单(附选题报告) → 编室主任审核 → 总编室 → 总编辑同意 → 选题论证会 → 列选上报

7. 如何做好图书选题的论证?

《图书质量保障体系》第七条明确要求出版社“坚持选题论证制度”,并指出:“选题质量的优劣,直接影响图书质量,也影响出版社的整体水平。出版社要对选题进行多方面的考察,既要从微观上论证选题的可行性,又要从宏观上考虑各类选题的合理结构。”

做好选题论证工作要坚持以下三点原则:

①选题论证应当坚持以马克思列宁主义、毛泽东思想、邓小平理论、“三个代表”重要思想及科学发展观为指导,坚持党的基本路线,贯彻“为人民服务、为社会主义服务、为全党全国工作大局服务”和“百花齐放、百家争鸣”的方针,坚持把社会效益放在首位,实现社会效益和经济效益相统一,使选题论证结果符合质量第一的原则,符合控制总量、优化结构、提高质量、增进效益的总体要求。

②要加强调研工作,充分运用各方面的信息资源和群体的知识资源,进行深入的调查研究,研究有关的学术、学科发展状况,了解读者的需求,掌握图书市场的供求情况,使选题的确定建立在准确、可靠、科学的基础上。

③坚持民主和集中相结合的论证方法。召开选题论证会议,论证时,人人平等,各抒己见,重科学分析,有理有据,力争取得一致意见。在意见不一致的情况下,由社长或总编辑决定。

具体的选题论证内容主要包括以下四点：一是选题的精神文化价值，看是否有引导性与独创性；二是选题的市场适应性，看是否有市场的针对性与前瞻性；三是选题的效益分析，看是否以社会效益为前提再获取经济效益；四是选题的可行性，看是否具备选题实施的必要条件。

8. 如何对立项图书选题进行管理和优化？

已立项图书选题应进行管理，主要包括：①一般选题报总编室编入出版单位选题计划，并按要求报上级主管部门审批；②属国家规定的重大选题范围的选题，须履行重大选题备案手续，经审查通过后方可纳入出版单位选题计划。

选题的优化涉及选题计划的优化以及计划执行过程中的必要的调整，如集中人力、物力等突出重点选题，舍弃不必要的或过时的选题等。已立项图书选题的优化一方面是使选题的清晰度进一步提高，增强可操作性；另一方面是结合市场需要，再一次调整既有选题的内容，对已有思路进行补充和完善。

9. 什么叫选题计划？

选题计划是按照一定的编辑思想形成的选题的组合，是出版社根据社会需要和著译者的写作情况制订的一定时期内的图书编辑出版计划，是出版社贯彻出版方针的具体表现，是出版社各项工作的基本依据。选题计划分为年度选题计划与长期选题计划。年度选题计划指出版单位在一年里准备实施的选题品种；长期选题计划指大中型的、比较稳定的、需要用较长时间来准备的项目。

10. 如何制订和调整图书选题计划？

出版单位每年要出版成百上千种图书，要在相同的时间里创造出更多的利润与回报，选题计划的制订非常重要。制订选题计划时，首先由编辑人员提出总体构思，然后反复分析、论证，最后对确定的选题进行整理、汇总并报主管部门审批。出版单位的年度选题计划应报上级主管部门审批后再报国家新闻出版行政部门备案。审核通过后，选题计划才能最终确定。

为提高选题的实现率，出版单位会适时根据社会环境、图书市场变化和消费者需求等，对选题计划做相应的调整。对作者有变化的、已过时的或原有设计不完善的选题，可以结合实际情况变更或撤销；对新选题也可做增补。选题计划的变更、撤销或增补须按国家规定和要求履行相应的审批程序。

11. 如何做好图书选题的组稿工作？

组稿是发现、选择、组织作者完成作品创作的活动。组稿的方式包括个别约稿、社会征稿和群体集稿等。组稿的整个过程一般包括四个步骤：

①组稿的准备。首先要明确选题的性质要求，深入研究选题的性质和要求，特别是市场的需求、选题的价值和设计的合理性，以增强选题的吸引力和说服力。其次要认真制订组稿方案，做好充分的准备，占据主动地位。最后要选择合适的作者。作者是选题成功的关键，编辑平时必须注意收集作者资料，不仅要关注名家、专家的动态，更要善于发现尚无名望但有潜力的新人，建立作者数据库。

②联系作者。跟作者进行沟通和交流，促使作者同意创作。

③商讨撰稿事宜。作者编写编撰大纲或目录，编辑根据实际情况确定是否采用，对不熟悉的作者还应请其提交样稿，以确保写作质量。

④确定约稿关系。编撰大纲或样稿经认可后,可口头约定或签订约稿合同。确定约稿关系后,作者正式开始创作。

12. 什么是约稿合同?

约稿合同包括作品名、内容、篇幅、图片数、交稿时间、稿酬标准、违约责任等。约稿合同与出版合同不同。约稿合同一般是在作者作品尚未完成(多是尚未开始写作)的情况下,双方就预约稿件而达成的协议。对约稿者来说,合同主要保障两种权利:第一是优先出版权,即约稿者在作品完成后,如无违约行为,依法享有作品的优先出版权,作者不能干涉;第二是附期限的对作品的处置权。但约稿者也须同时履行三项义务:一是收到稿件后要在约定期限内通知著译者是否采用或是否需要修改。二是签约或退稿的义务。所约稿件符合出版要求,应及时与著译者签订出版合同;稿件如不能采用,应书面通知废除约稿合同并将稿件退还著译者。三是按合同约定确定作品版面字数及稿费标准,预支部分稿费或支付约稿费。出版合同须在稿件全部完成并合格后签订。

13. 与作者约稿后,编辑还应该做好哪些工作?

为确保组稿工作的具体落实,在签订约稿合同后,编辑还要做好以下工作:第一,当好作者参谋。帮助作者完善创作计划,坚定创作信心,选择最佳创作方案。第二,做好服务工作。编辑要辅以真诚、热情的服务,全心全意地帮助作者尽早完成创作。

三、图书的审稿与编辑

1. 图书审稿的基本任务和要求是什么?

审稿即把关,图书审稿是通过对拟出版的稿件进行审读,对稿件做出基本评价,决定稿件的取舍,并对有一定基础的稿件进行加工修改和整理,使稿件达到出版要求的编辑活动。图书审稿是图书编辑工作的中心环节,其基本任务就是按照当前出版工作的方针和原则,通过对书稿的审读和评价,决定书稿的取舍,提高书稿的质量,促进导向正确、内容健康、社会效益和经济效益俱佳的优秀图书顺利出版,防止有害或低劣的作品流入社会。

对审稿工作的要求就是衡量稿件的要求。对书稿的衡量是对书稿内容和形式的考量。在对稿件内容的审查上,考量思想性是审稿的首要标准,就是要审查书稿的思想内容是否健康,是否符合党的方针政策和国家法律法规的要求,特别是不得含有《出版管理条例》《图书出版管理规定》等法律法规中规定的禁载内容。其次是要衡量书稿的知识性,就是要审查书稿是否能为读者提供丰富的科学文化信息,是否能让读者在阅读中受到教益,是否能使读者得到一些帮助。衡量书稿还要审查书稿的独创性,审查书稿是否在前人的基础上有创新的地方,是否有超越前人的东西或前所未有的新内容。此外,还需要衡量书稿的稳定性和艺术性。衡量稳定性就是要审查书稿内容是否相对稳定,是否有益于文化的积累,是否有较长时间的使用价值。衡量艺术性就是要审查书稿内容是否表现出独特的艺术特点，是否能对读者产生审美感染力，是否有可读性，能否吸引读者。对书稿内容的衡量和评估，不同内容的书稿衡量的侧重点不同，这要根据具体书稿来确定。如对政治理论类的书稿，就要侧重于从思想性、独创性上进行衡量；对科技类书稿，就要侧重于对其知识性进行评估；对音乐美术类书稿，则侧重于从艺术性上进行审读。

书稿的形式千差万别，在审稿中对形式衡量的要求也就各有不同，但最基本的要求应该是一样的。如一部书稿在结构上应完整统一，须体现出书稿的系统性，在逻辑上应严密，不允许出现残缺、断层、矛盾的内容；在格式上应层次分明，章节的安排不可混乱无序，要使读者能轻松地理清全书的头绪；在语言文字上要求符合规范，切合当前读者的阅读习惯。

2. 什么是三审责任制？三审制的基本要求是什么？

三审责任制是我国长期以来实行的审稿制度。简单地说，三审责任制就是由初审、复审、终审三个审级组成的审稿制度，简称三审制。初审是指编辑人员对书稿进行的初步审读；复审是指有更高职称的编辑对书稿的再次审读；终审是指有较强把关能力的编辑对书稿的最终审读。三审制要求初审、复审、终审分别由具备不同出版专业职业资格的人担任，前一审级服从后一审级，后一审级制约前一审级，各审级工作侧重点不同，不同审级相互补充。

三审制的基本要求是：①各审级由不同专业职称的人担任。根据《图书质量保障体系》的要求，初审，应由具有编辑职称或具备一定条件的助理编辑人员担任（一般为责任编辑）。复审，应由具有正、副编审职称的编辑室主任一级的人员担任。终审，应由具有正、副编审职称的社长、总编辑(副社长、副总编辑)或由社长、总编辑指定的具有正、副编审职称的人员担任(非社长、总编辑终审的书稿意见，要经过社长、总编辑审核)。②三审制是出版单位必须严格坚持的基本制度，任何时候都不能减少审级，各审级的责任也不能互相取代，任何两个环节的审稿工作不能同时由一个人担任。对于难以把握的书稿，同一审级可以适当增加审次。③前一审级对后一审级负责并提供本审级的审稿意见作为后一审级的审稿基础，后一审级对前一审级起制约作用，并对前一审级的审稿结果做出评判和补充。只有三审通过后，才能对稿件正式做出处理。经过退稿修改的稿件同样也要再次进行三审。

3. 三审制中的各个审级分别应该承担哪些任务?

三审制中各个审级的任务因审级的不同而各有差异。

初审的任务包括：①通读全稿，对书稿的政治导向、思想倾向和价值(社会价值、科学价值、文化艺术价值等)进行审查。②审查书稿的体例、结构、形式、文字，分析书稿的优点和不足，对书稿质量做出客观评价，并对书稿出版的社会效益和经济效益进行评估。③撰写审稿意见，表明对该书稿的态度，并将书稿及意见呈送下一审级。对书稿的态度应包括是否可以采用，是否需要退修，是否需要请外审参与，是否存在遗留问题或初审无法判断的地方。

复审的任务包括：①通读全稿，对稿件质量和初审意见进行审核与判断，表明自己对初审提出的意见的态度，并对稿件做总体评价。②回答初审提出的问题或遗留的问题。对原则性问题要注意分析；对于与初审不同的看法，应充分说明自己的意见；对遗留的问题，复审应帮助解决；对不符合质量标准或者有严重问题的初审，复审应要求其返工。

终审的任务包括：① 充分了解初、复审意见，对稿件的内容，包括思想政治倾向、学术质量、社会效益、是否符合党和国家的政策规定等方面做出评价。②解决初、复审提出的问题或遗留的问题。对初、复审意见相左的情况，终审要在充分了解的基础上做出判断。一般书稿，终审可抽查部分内容进行审读，重点书稿或内容复杂、难度较大的书稿，终审应通读书稿。③如果书稿涉及国家安全、社会安定等方面内容，属于应当由主管部门转报国务院出版行政管理部门备案的重大选题，终审应通读书稿，在此基础上决定书稿的取舍。④根据本出版社专业分工、出书范围、出书特色、图书结构、品牌打造等特点，决定书稿的取舍。

4. 对外审者有哪些要求？

所谓外审，就是出版单位以外的人员参与审稿。随着社会分工越来越细，社会科学和自然科学的架构越来越缜密，一个出版单位不可能拥有各个行业或学术领域的专业人才。对于一些重大选题或者是专业性特别强的书稿，出版社无法或者不容易把握其内容，为了提高出版质量，出版单位必要时须聘请本出版单位以外的专家学者参与审稿，或根据审批要求，将书稿报送有关部门审查。这种审稿方式，出版业谓之外审。外审不是三级审稿的组成部分，而是对三审制的一种必要补充。只有那些因为出版单位缺少相应专业的编辑人员或难以把握其中专业性内容质量的书稿，才需要进行外审。而且，外审不能替代三审制中的任何一个审级，也就是说，需要送外审的书稿，同样也需要经过出版社的三审。外审人员可以以特约编辑、特约编审、编委会委员等身份出现，但不能担任责任编辑，更不能取代复审或终审。一般外审意见只可供出版社决策者参考，不能作为最终决定。但重大选题备案的外审书稿，须按相关审读意见进行修改。

出版社安排外审时，要求外审者：①必须是专业人员，有较高的学术专业水平，熟悉学科的最新进展和该学科当前的最新出版状况；②有较强的文字功底和文字驾驭能力，对出版业有一定的了解；③有较强的学术精神，敢于和善于质疑、发现、扶持有价值的学术创新，没有门户之见，客观公正；④着眼于出版单位无法判断的重大问题和专业性问题，无须过多关注文字修改和构架、体例等枝节问题。

5. 编辑应如何审读稿件?

审稿的过程是一个由浅入深的过程。编辑拿到稿件后，首先要确定自己是否对稿件内容有所了解，如完全不了解，就必须先做一些准备工作或者请了解稿件内容的编辑来审稿。对稿件内容的了解一是对稿件内容所涉及的知识的了解，二是对目前出版界出版该内容的情况的了解。有所了解后才正式进入审稿环节。

审稿的基本方法就是通读。通读稿件是审稿的基础，也是责任编辑和复审的必要工作。责任编辑必须通读稿件两次以上，重要部分要反复阅读。这里说的通读除通读正文外，还包括通读前言、后记与章节目录。通读要解决以下问题：了解稿件的基本内容和总体框架、创作特色、整体质量、存在的不足或问题及稿件是否达到出版水平、是否需要修改或润色。

在通读中要对稿件进行甄别分析。甄别分析就是对稿件质量的衡量，就是对稿件内容质量高低和价值大小进行判断，确定内容是否符合出版的要求，判断书稿的主题的真伪，材料是否可靠，内容安排是否恰当，是否符合本出版单位的出版要求和出版风格，是否有社会效益和经济效益。这是审稿工作的核心，是书稿能否出版的关键。

编辑通过通读和甄别分析，就可以得出审稿结论。

6. 编辑如何对稿件形式质量进行衡量？

确定可以出版的书稿，编辑须在形式上使稿件完美。稿件形式质量的衡量主要包括书稿结构的合理化、行文格式的统一化和语言文字的规范化。

书稿的结构根据书稿主题来安排。合理的结构表现为：①章节推进有层次性。即内容的各个部分前后安排有逻辑性，形成一个系统。或者是明确的总分关系，或者是按时间推进，或者是按事件发展过程推进，层次要明显。②内容前后有统一性。各个部分的内容互相不矛盾，对两个部分中有交叉情况的，不简单机械重复，而是详略有别，相互照应。③阐述方式有一致性。在同一个部分中对内容的阐述方式应保持一致，不同部分的阐述方式可以不同，但整个书稿要形成一个整体。

同一书稿，行文格式应统一。统一的行文格式表现为：①相同模块采用相同的格式标志。相同模块指书稿中同一类型的要素，如同一级标题、同一级正文、同一位置的注释等。这些相同模块的格式标志应保持一致，不同级的模块应有所区别。如同为一级标题，其字体、字号、字间距等格式标志应保持相同，一级标题与二级标题可有所区分。书稿正文格式上除特殊需要（如字体加粗、引文变体、字号改变等）外，也应保持一致。②数字、图片、表格和公式等要素的标注形式一致并符合规范。一些公式在字母的大小写、正斜体、上下标等方面有特殊的要求，数字和符号的形式也有不同规定，在全书稿中应统一并合规。③空格、空行、留白合理合规。如不应出现末行为标题、下页是正文的情况，也要尽量避免单字一行、单行一页的情况。④特殊要求。如相同性质的条目要求统一模式。如同是人物介绍，其介绍的项目顺序应尽可能保持一致；或同为国家介绍，介绍的内容项目的次序也应尽量保持一致。

语言文字规范即要求编校质量合格。编校质量合格是图书最基本的要求。语言文字的规范主要表现为：①没有错别字，用字符合国家对语言文字的规范要求。②使用词语准确无差错，不生造词、不混乱搭配。③语句结构规范，表达准确，无病句错句，无知识性、逻辑性和语法性差错。④数字、字母、标点及其他符号的用法准确，符合国家相关标准的要求。⑤量和单位的使用规范，应与《中华人民共和国计量法》的规定和国家相关标准的要求相符，与书稿的主题内容和目标读者相适应。

7. 如何做好审稿结论？

审稿结论是编辑在全面衡量书稿内容后做出的是否采用的最终结论。审稿结论一般有接受出版、退修、退稿三种。

接受出版是经过三级审稿后，对认为符合出版要求的书稿所做出的接受出版的结论。

退修是对基本符合出版要求，但还需作者做进一步修改后才可继续编辑出版的书稿所做的结论，也叫退改。做出书稿退修结论后，编辑需给作者去退修信。退修信要说明稿件目前存在的问题以及要求进行修改的理由，并提出修改意见，使作者能清楚了解出版单位的意图，并根据意图进行修订。

退稿是对不符合出版要求的稿件做出的结论。和退修一样，退稿也需给作者写退稿信。退稿信中要说明稿件未能采用的原因。

8. 如何撰写初审意见？

初审是整个审稿工作的基础，要对整个书稿做全面的评估和判断，因此初审意见在三审中起着至关重要的作用。一份完整的初审意见必须包括以下内容：

①稿件的基本情况。包括稿件的来源、稿件的成稿过程、来稿的主要意图，属于丛书、套书组成部分的要介绍丛书、套书的整体构架和丛书、套书出版的情况。如果是组稿，还应介绍组稿的目的、设想和计划。

②稿件的作者。要介绍作者的基本情况，包括作者的年龄、职业、职务、职称及与书稿内容相关的专业领域的造诣和水平、学术或其他研究成果，是集体创作的要介绍集体创作人员的情况。

③稿件的内容。要介绍稿件内容范围、主题、结构、规模，文艺作品如小说，应简要叙述其主要情节。对稿件的内容可以做较详细的介绍。

④稿件的评价。这是审读的核心内容。要对书稿的性质、层次内容、文字水平、读者对象等进行评价，要写出书稿的优点和不足，并对成书后可能产生的社会效益和经济效益进行预估。对审读时遇到的不能解决的问题或存在疑虑之处，应指明具体的章节和页码，并提出初步解决方案，如送外审或提请复审、终审审核。

⑤稿件处理意见。处理意见即对书稿做出的审读结论。即上文说到的退稿、退修和接受出版。

9. 如何撰写复审意见?

复审意见是对初审意见的确认和补充,复审意见也是在通读全书的基础上做出的。主要包括三个方面:

①确认初审意见。主要是确认初审对书稿的内容、性质、文字水平的评价是否正确,对书稿的价值和质量的判断是否准确,对初审预估的社会效益和经济效益是否认可。如复审与初审的意见不同,则需要在意见中指明,并提请终审判断。

②补充意见。对初审在报告中未提及的但需要做进一步说明的情况进行补充。

③处理意见。复审在意见中也需要表明自己的审读态度,并对初审提请的问题进行复核,不能做决定的要加以说明并提请终审决定。

10. 如何撰写终审意见?

终审意见是终审提出的决定性意见。终审意见是在认真审核初审意见和复审意见的基础上做出的。终审意见主要包括两个方面:

①确认初、复审意见。对初、复审意见较一致的书稿表明自己的态度;对初审和复审存在分歧的地方,应审读书稿后对两者意见进行确认;如果初审和复审意见分歧较大,或者书稿中涉及的内容比较重大或敏感,终审须与初、复审沟通,在充分听取意见的基础上做出自己的判断。

②处理意见。对书稿做出最终评价。对初、复审意见中提请的问题做出判断,对一些重大题材的书稿或涉及民族、宗教、

军事、外交等内容的书稿，做出送审的决定，表明是否可出版。

11. 三审意见撰写时应注意什么？

三审意见是编辑在审读书稿后做出的具体处理意见。撰写三审意见是每位图书编辑的基本工作和基本职责。三审意见的写作水平直接体现编辑的业务水平。

三审意见的撰写是编辑的基本功，须在不断练习中提高。切忌长篇大论却不得要领、内容一带而过过于简单，或者把一些枝节问题写得过多而核心问题太过简略，评价含糊不清，结论模棱两可，要做到观点鲜明、意见具体、结构清楚、文字畅晓。

12. 如何签订图书出版合同？

书稿达到出版要求后，根据《中华人民共和国著作权法》的规定，出版单位应就出版事宜与作者签订出版合同。出版合同是对双方的权利和义务进行的约定，也是对双方合法权益进行的保障。出版合同一般是在确定稿件可以出版，双方也有合作意愿的情况下签订。在组稿和修改阶段一般不宜签订出版合同。出版合同主要由责任编辑或项目负责人、组稿人代表出版单位与作者协商后起草，并由编辑室主任和出版单位领导审核后签订。本书附录中收录有国家版权局 1999 年颁布的《图书出版合同（标准样式）》，目前，各出版单位的出版合同主要参照此样式。但所附合同标准样式只是总体的合同框架，实际的出版合同还需要加入一些双方约定的特殊条款。因此，不同性质的书稿，出版合同的内容也不尽相同。责任编辑在起草合同时，不能生搬硬套，也不可粗枝大叶，应在双方充分讨论并报出版单位领导审核后确定。

13. 对稿件进行编辑加工整理有哪些步骤?

这里所说的编辑加工整理是对经三级审稿后确定符合出版要求的书稿进行的质量再提高。当前不少出版社在三审过程中已经开始对书稿进行编辑加工整理,这虽然节省了时间,但遇到书稿因某种原因不能出版时,就会造成时间和精力的浪费,还可能产生著作权纠纷,甚至导致不合格产品流入市场。因此,规范的做法是把编辑加工整理放在三审之后,让三审从宏观上把握稿件的整体质量,对稿件做出评价,决定书稿的取舍;而编辑加工整理则是从微观上着手加工优化书稿,侧重从消灭差错、修饰润色、统一规范等方面进一步提高书稿质量。

一般来说,编辑加工整理主要有书稿全文检查、拟订加工方案、进行编辑加工、撰写加工记录等几个步骤。书稿全文检查,即检查书稿的要件是否齐全、清晰、确定,对未达到"齐、清、定"要求的,请作者补充完善;拟订加工方案,即对编辑加工整理的内容、重点、标准、难点及时间做出详细的安排;进行编辑加工,就是着手对书稿进行加工修改;撰写加工记录,就是把编辑加工整理的内容填入记录表,包括已修改的内容和需要复审或终审定夺的内容。编辑加工整理既可由责任编辑完成,也可由其他编辑进行。目前,大多数出版社采用责任编辑负责稿件加工整理的方式。

14. 对稿件进行编辑加工整理有哪些注意事项?

在编辑加工整理过程中,有一些事项需要编辑特别注意:①编辑人员要反复地审读书稿。这种审读与三审不同,需要更细致地了解书稿内容,在认为有必要进行加工的地方做出记号,在审读中要反复斟酌,与作者密切沟通,深度把握书稿。②要统一编辑加工整理的标准。最好是能列出一套标准的体例,特别是对丛书的编辑加工整理要参考已出版的分册体例和标准，再确定需要编辑加工整理的分册的标准。③大处着眼，小处着手。在进行编辑加工整理时要先确定稿件的整体框架，即对书稿的内容、行文格式进行修改确定，然后对书稿各个部分，包括段落、语句、字词进行润色加工。④留下编辑加工整理的痕迹。编辑要在原稿上突出自己修改的地方，一般采用不同颜色的笔来修改，不同的人修改应采用不同颜色的笔进行标记。在电子稿上修改最好使用编辑程序中的修订功能，如 Microsoft Word 的修订功能，不同的人进行的编辑加工整理都应留下修改后的备份，以便查证。⑤不同性质的书稿编辑加工整理的侧重点不同，要具体书稿具体分析。如少儿类书稿要侧重在生动易懂上下功夫，翻译类书稿要在符合国情和校正译文上下功夫等。

15. 正文内容的编辑加工整理应注意哪些问题?

书稿的正文是书稿的主体部分，也是编辑加工整理的重点。正文的编辑加工要紧密联系作者，在与作者的充分沟通情况下进行。对于一部有出版价值的书稿，不可简单地把问题提出后甩给作者自行处理，这个过程中要充分体现编辑的责任心，要积极参与其中，充分尊重作者的同时主动加工整理。编辑加工整理内容方面主要应注意的问题有：

①消除和修正原稿存在的错误观点。一些书稿有可能整体上观点是正确的或者是符合当前形势和价值观的，但局部内容可能存在表述不当或者引用事例、数据不当的情况，这种现象在书稿中比较常见。这需要编辑在编辑加工整理中特别注意，要对这些内容进行认真修改和完善。删除存在偏差的内容，消除前后矛盾或说法不一的情况，严密全书的逻辑性，提高书稿的说服力。

②纠正常识性错误。一部书稿内容庞杂，作者在写作过程中很难把每一个事件或数据论证得完全准确。这需要编辑在加工整理过程中发现这些知识性的差错，如史实性差错、不合理的情节、量和单位的误用等。编辑要勤于动手查证，大胆怀疑，小心求证，避免常识性错误。

③核实引文正误。引文是书稿特别是理论性书稿中常见的表述方式。对引文的核实是编辑加工整理的重要内容。核实引文主要是检查引文是否恰当，是否与原文相符，有无断章取义或张冠李戴的情况。核实引文要忠实于原著，保证引文的文字和标点与原著一致，同时要确定引文引用的必要性，以及引文在上下文中的逻辑性是否恰当。

16. 如何对正文形式进行编辑加工整理？

①理清书稿的结构脉络。书稿的整体框架确定后，编辑要在加工整理过程中对书稿的段落层次进行必要调整，如调整段落的顺序、重新组织章节下的各个条款等，使书稿的结构脉络更加清晰。

②统一结构标志。一部作品，不同层次的标题标志应有所不同。编辑在加工整理过程中，要注意理清这些层次标志。同一层次的标志保持相同，不同层次的标题采用不同形式的数字表示，或用不同的字体、字号进行区分，避免标志混乱，扰乱读者思维。

③提高编校质量。一是消灭书稿中的错别字；二是规范书稿中字词的用法；三是改正书稿中有语病的句子；四是除去书稿中多余的字词句；五是修改不正确的标点符号；六是规范数字用法及量和单位的使用。在提高编校质量时，还应对各级标题进

行审订。对不准确的标题，如不能涵盖内容的标题、与稿件性质不吻合的标题、模棱两可的标题等，应进行修订。

④完善特别内容。一是要完善书稿中的图片和表格。除检查图片和表格内容的准确性外，还要特别注意检查其主题是否唯一、编序方式是否全书统一、位置安排是否合理。二是完善书稿中的名词术语、人名、机构名及地名等。严格统一使用国家标准或行业有关专业领域的行业标准，没有统一标准的，应根据约定俗成的做法，保持全书统一。三是完善数字和计量单位的使用。数字和计量单位在国家标准中有严格的规定，在加工整理中要严格执行，做到科学规范。四是完善其他的特殊情况。

17. 如何进行辅文的编辑加工整理？

目前，国家标准中对很多辅文的格式做了明确的规定，特别是科技类稿件的辅文格式，国家标准中有详细的规定。对辅文的编辑加工整理应严格遵守这些标准，认真对照执行。一般来说，辅文的加工整理是在正文加工整理之后进行的。

①注解的加工整理。注解也称注释，是对正文中的某些内容或文字做补充说明的文字。注解主要有夹注、脚注和文后注。夹注是穿插在正文中的注释，一般在正文的加工整理中已检查。脚注和文后注在加工整理中主要是检查它们的格式和注文是否正确，注文与注码是否对应，注码顺序是否正确，标示的相关内容与正文是否一致等。尤其应注意因使用不同的电脑系统可能使原来确定的注释页码发生改变。另外，一本书稿中同一内容可能多次出现，但对同一内容一般只注释一次，而且要在第一次出现处加注，避免注后不注前或重复注释的情况。

②参考文献的加工整理。参考文献出现在理论性书稿中比

较多，一般列于全书正文之后。编辑在加工整理参考文献时，要认真参阅国家标准《信息与文献　参考文献著录规则》(GB/T 7714—2015)，按照规则来检查参考文献列表，力求符合规范。

③索引的加工整理。索引主要出现在工具书、资料性图书、汇编类图书中。对索引的加工整理，主要是检查索引的编制与原稿的内容和性质是否相符，索引的编排方式是否合理、有无差错，是否有遗漏，索引的条目与正文相关文字是否一致。索引条目里的页码要在正式样稿出来后进行填写，避免找到索引找不到正文或者有正文无索引的情况。

④附录的加工整理。附录是附在正文后面的补充性材料，各类图书中都比较常见，如《新华字典》《现代汉语词典》后面就有较多附录。附录的加工整理主要包括检查附录与正文是否存在矛盾，附录内容是否准确无误，是否为补充正文内容所必需。对于完全不相干的附录，应删除。

⑤目录的加工整理。目录的加工整理应在全部正文的编辑加工整理完成后进行，此后只要正文发生变化，都要对目录进行再检查。加工整理目录，一是要检查目录中所收录的正文标题级别是否统一；二是要检查目录的文字表述形式是否与正文中的标题完全一致；三是要检查目录对应的页码是否与正文相应内容所在页码一致；四是要检查目录的排版是否合理。

⑥序言、后记的加工整理。序言即序和前言，两者性质和要素大体相同。序有自序和他序之分，一般自序应放在他序之后。后记是放在书末的说明性文字，与前言相对。对序言进行加工整理主要是看内容上是否与原稿相契合，对书稿的评价是否客观公允，自序与他序的顺序是否正确。后记的加工整理主要是看内容是否言之有物，是否有新的情况和补充说明的内容。

此外，对于内容提要、凡例、出版说明等其他各种辅文的检查，都应该按照正文编辑加工整理的规范进行，要求客观、准确、与正文对应，脱离正文的辅文是无用的，也是多余的。

18. 编辑对复审、终审退回的稿件还要做哪些工作？

编辑加工过程是一个互动的过程，三审工作也是在互动中进行的。在实际的三审过程中，并非初审完交复审，复审完交终审的单向活动，而是往返交互的过程。初审后，责任编辑把书稿和初审意见交复审。复审后，一般把书稿、复审意见、修改意见交回责任编辑，责任编辑在与作者商量的基础上，对书稿进行修改，提出对复审意见的确认或不确认意见，并与复审进行讨论，取得统一看法，对分歧较大的地方，责任编辑记录在遗留问题中提请终审决定。其后责任编辑把新的书稿和初审、复审意见及修改记录、初复审存在的分歧等提交终审。终审在完成审核后，同样会将书稿及相关意见退回责任编辑，责任编辑也须根据终审意见对稿件进行再处理。在处理中，责任编辑应与复、终审及作者保持密切沟通，特别是对有分歧的地方，要经认真商讨达成共识并与作者沟通取得一致意见后再对稿件进行处理。完成最后修改后，稿件才可送出版单位负责人签发。目前，不少出版单位已采用全网络化办公，这期间，使用的办公软件应设计复审后退回责任编辑、终审后退回责任编辑的流程，避免使用初审发复审、复审发终审的单向流程。

19. 什么是稿件发稿的“齐、清、定”？

稿件的“齐、清、定”是图书出版流程中对编辑发稿的技术要求。它与三审三校制度一样，是图书出版的重要管理规章。能否做到“齐、清、定”，是检查编辑工作质量的一个重要标准。稿件只有达到了“齐、清、定”才可以发稿。

稿件的“齐”是指稿件齐全，即稿件的各个组成部分不可缺少。主要包括：正文齐全——要求篇、章、节以及段落词句完整，有图表配合的，不得遗缺图表；辅文齐全——书稿应该具备的辅文必须齐全；编辑记录齐全——要有完整的编辑加工流程记录，以备查考。

稿件的“清”是指稿件清晰。特别是非电子版的书稿，要求加工整理后的稿件文字、图表、符号等清楚可辨，文字与图表的配合关系清楚，稿件版面整齐，清晰不乱，没有模糊及线路勾画交叉的地方；特别的要求及规定清楚明确。

稿件的“定”是指稿件必须是定稿，即原稿的各个组成部分从内容到语言表达形式都已确定。框架结构、章节安排、段落布置等已不用更改，文本体例、字体字号、表述方式、图表比例等已最终确立，没有遗留问题，发稿后一般不需要做大的改动。

20. 编辑如何发稿？

审定发稿是将编辑加工整理后达到“齐、清、定”要求的稿件提交审定，然后根据审定意见，正式发往有关部门安排复制。

发稿时，编辑需先对书稿进行整理。书稿整理是对书稿进行统一检查整理的技术性工作，其目的在于保证书稿达到“齐、清、定”的发稿要求。书稿整理主要包括四个方面：一是复查。对书稿进行一次全面检查，确保无差错、遗漏和其他技术性的错误。二是誊抄。主要是针对手写稿件，是对编辑加工后的稿件进行重新誊抄。誊抄后的稿件应再次检查，以免发生新的错误。三是整理。对书稿逐页进行检查，确定与编辑加工过程中的意见一致。四是编序。排列全部书稿，进行编码并注明页码总数。

发稿前，责任编辑还需提出设计要求。书稿形态的整体设计一般由美术编辑和技术编辑具体实施，但设计的整体要求由责任编辑提出。为此，在发稿时责任编辑要把自己的要求通过填写书稿设计单的方式明白地告诉美术编辑和技术编辑。设计完成后，还需经责任编辑和编辑室主任、出版社领导审核同意，才能进行制作。

编辑发稿前要征得作者签字同意，即作者在看完整理后的书稿的形态设计后，签字同意发稿。

编辑发稿时要办理发稿手续，具体来说要做好五项工作。一是提供编辑三审意见表。说明三审对书稿的评价和处理意见。二是填写发稿单。发稿单是编辑部门交给制作、发行部门的有关书稿情况及对整体设计、排印、发行等工作的意见和要求的通知单。内容包括书稿的基本情况（书名、编著类别、字数等）、读者对象、发行范围等。三是填写书籍装帧设计单。内容与书稿形态的整体设计要求一致。四是填写征订单。征订单是供发行部门了解图书内容以便做好征订工作的材料，其内容包括图书的基本情况、图书估计定价、预计出版时间、读者对象及内容的简要介绍。五是填写图书在版编目（CIP）数据申报单。CIP 数据申报单各出版单位均有固定格式，只需要如实填写即可。CIP 数据须报中国版本图书馆 CIP 数据中心，由中心统一核发。CIP 数据申报须在书号申领后进行。以上材料完成后交编辑室主任审核，并经总编辑签发后随书稿发出。

书稿发稿后，出版单位会将相关材料报送行政主管部门申领书号。目前，全国出版系统已统一采用了网上实名申领书号制度，只需通过网络填报相关数据，经出版单位的行政主管部门核实同意后，即可报国家新闻出版广电总局申领书号。

21. 编辑如何处理校样和样书？

书稿进入物质生产过程后，首先出来的是校样。编辑应该对校样进行审读。审读校样主要是为了纠正书稿在排版过程中出现的排版错误，检查加工时的疏漏，解决校对员提出的问题及处理版式方面的问题。审读校样的方式是通读，通读中重点检查校样是否与编辑加工整理后的稿件一致，检查印版过程中新加入的要素（如封面、书脊、扉页、版本记录、前后勒口、书号、CIP数据等）是否正确规范，检查是否出现新的问题（如跳页、缺码、错行、背题等）。在处理校样的过程中，编辑要与校对人员密切配合，分工合作，共同把关。同时也要与作者进行沟通，处理作者在校样上的修改。校样处理完成后，退回排版部门更改，形成付印清样。最后由编辑对付印清样进行检查，无误后即可制成样书。

根据《图书质量保障体系》的规定，出版单位必须在图书成批装订前进行样书检查。即印制厂在每种图书封面和内文印刷完毕未成批装订前，必须先装订十本样书，送出版单位查验。出版单位有关人员要从总体上对装订样书的质量进行审核，如发现问题，应及时处理。样书检查须逐页进行，一是检查印刷质量，二是核对以下项目：各部分出现的书名、著译者署名、出版者名是否正确和一致；书号、CIP数据、书名汉语拼音、字数、定价是否准确；目录、书眉、页码是否正确；是否有新的错误；等等。如无问题，则正式具文通知印装厂开始大批量印制和装订。

22. 图书重印需要经过哪些程序？

图书重印指图书在首次印刷后，在改动很少或者不做改动的情况下再次印制。它对初版的胶片仅做少量改动或基本上不做改动，在加快了出书的速度的同时，还大大降低了图书成本。

图书重印，开本、版式、书号是不变的，封面与扉页可以重新设计。图书的中国标准书号条码一般也不变，如果定价有调整，就要在原来的条码后加上附加码，这种情况下，整个条码需要重新申请制作。重印书应在版本记录中标明印次，每重印一次记录一次，逐次累计。重印书的印数也是从初版第一次印刷起逐次累计。图书重印需要经过以下程序：

①市场调查。主要是了解重印图书上一版的市场销售情况和销售潜力，包括销售数量、销售速度、读者反应、市场覆盖率、同类书销售情况、市场饱和度和销售空间估量。通过市场调查做出是否重印的决定。

②提交重印报告单。通过市场调查写出调查报告，并填写书面的重印报告单，送交编辑部门会签；编辑部门会签并陈述意见；送交社领导审批。重印报告单的内容包括：书名、作者、出版合同编号和有效期、初版或上次重印时间、字数、印张数、重印理由、重印数量、出书时间、市场调查情况、效益估计。

③征求著作者意见。按照出版合同约定，若重印图书需征得著作者的同意，则做出重印决定前要与著作者沟通，如著作者不同意重印，出版单位不可单方面进行重印。如果与著作者的合同过期，重印则须重新签订出版合同。

④审读重印书。责任编辑要对重印的图书进行重新审读，并写出审读报告，对有修改的地方一一说明并提供改正的样本。

⑤办理重印发稿手续。包括填写重印书征订单，需要更换封面或扉页的填写封面装帧单，填写重印书发稿单。

⑥重印。将以上材料交总编室登记后发制作部门，开始重印。

重印需特别注意以下四点：一是重印书不可改动太多，如果改动的地方太多，则应按再版处理；二是重印过程中一定要与作者联系沟通，不论是更换积压图书的封面后再次推向市场，还是作者自费出版的图书的重印等，都需要与作者进行协商；三是重印是在原出版单位进行，更换出版单位则不是重印，而是新出版单位的新版书；四是要把握重印的时间和数量，避免重印图书积压。

23. 图书再版需要经过哪些程序？

图书再版是对原书做了较大修改后重新排版印制。它的特点是：改动较大、作者配合度高、前期成本与初版相同、在原出版单位进行。再版图书的程序与重印书不同，与初版书相似。在一定意义上说，再版书就是出版一种新书，只是这种新书是在原版基础上进行的。再版书的内容修订在原稿基础上进行，一般由著作者承担。出版单位收到著作者的再版书稿后，应该按初版书的要求进行三审、编辑加工整理、三校等。虽然在此过程中，编辑可以借初版的基础来减少工作量，但所有环节均不可掉以轻心。

24. 如何计算图书的重版率？

重印和再版对出版单位有着特别重要的意义：一是能及时满足读者的需要，二是能取得更好的经济效益，三是能打造出版单位的品牌。重印和再版书越多，对社会的影响就越大，产生的社会效益也就越好，因此，全年重印和再版品种数占出版单位出版总品种数的比例就成为衡量出版单位图书好与不好的重要标志。年度重印和再版品种数占出版单位出版总品种数的比例就是重版率。公式为：

$$\text{年度重版率}=\frac{\text{年度重印品种数}+\text{再版品种数}}{\text{年度出书总品种数}}\times 100\%$$

四、图书的整体设计

1. 图书整体设计的总体要求是什么?

对图书进行整体设计,需从整体性、艺术性、实用性、经济性等方面进行把握。

图书整体设计的整体性要求包括:对图书材料与工艺的选择、技术要求和艺术构思要与图书出版过程中的各环节紧密配合、协调,通过高度艺术化的设计创意,表现图书的内容主题和使用价值;对书籍从内到外进行整体设计,即设计者在对书稿内容加以理解分析后,提炼出需要用到设计上的文字、图形与符号,把封面、护封、环衬、扉页、版式等作为一个整体来进行考虑和设计。

图书整体设计的艺术性要求包括:要有独创性;要根据图书的内容、性质和门类,体现独特的艺术风格;要体现出一定的时代特点和民族特色,能充分反映一种时代精神和时代风貌,充分反映一个民族、一个国家的深厚文化底蕴,富有自身的文化品格。

图书整体设计的实用性要求,是指图书的整体设计要充分考虑不同类别图书的读者对象在使用上的便利、经济上的承受能力、个体的审美观念以及阅读兴趣等因素。

图书整体设计的经济性要求,是指图书整体设计在保证图书阅读和鉴赏实际效果的前提下,要充分考虑图书的成本和可能带来的实际经济收益的关系、定价与读者心理承受能力的关系等。

2. 图书整体设计的具体内容是什么?

图书整体设计包括外部的装帧设计和内部的版式设计两个方面。

图书装帧设计包含图书的形态设计、美术设计和表面整饰设计三个方面。形态设计是对图书开本、必备结构部件与可选结构部件,以及装订样式的选择和确定;美术设计是对封面、扉页等必备结构部件和护封、环衬、衬页、函套等可选结构部件的设计创意;表面整饰设计是对封面包括护封、函套等结构部件的纸张、装饰工艺材料的选用,以及表面整饰工艺方案的制订。

图书版式设计包括图书版心大小、位置和行距的确定,正文和辅文字体字号的选择及其排式设计,标题、书眉、注释、引文和页码等的设计,图片和表格的设计编排,等等。

3. 如何根据图书的内容和功能选择开本?

①根据图书中的图表和公式选择开本。如果图书中图表多且较大,公式多且较长,为便于图表、公式的排版,宜采用大中型开本。

②根据文字结构和编排形式选择开本。诗歌集、谜语集、名言警句集等,因每行的字数少,应采用长开本;儿童读物,因文字少,为激发儿童的好奇心和阅读兴趣,多采用特殊开本或横开本。

③根据篇幅容量选择开本。篇幅较大的图书,多采用大中型开本;篇幅较小的图书,多采用中小型开本。篇幅很大而又不适宜分卷出版的书,应采用较大的开本,以免书页太多,书脊厚度过大,造成书口凸肚、装订断线、翻阅不便等缺陷。

④根据图书的用途选择开本。查检类、鉴赏类、藏本类图书

多采用大中型开本，阅读类图书多采用中型开本，便携类图书多采用小型开本。

⑤根据发行量选择开本。为便于印刷装订和充分利用纸张，畅销书、中小学教材教辅和发行量较大的大中专教材，应采用常规开本。

⑥根据读者对象选择开本。成人类读物，一般采用大中型开本；低幼读物、农村通俗性读物、连环画等，一般采用中小型开本。

4. 如何根据图书的类别选择开本？

①大型画册、大型图集、音乐的乐谱、插图和表格较多的技术类书籍等，多采用大开本或特殊开本。

②大型图书、大型工具书、高校教材等，多采用16开。

③经典著作、学术著作，多采用小16开或大32开。

④中小学教材教辅一般采用小16开或大32开，但现在的高中教材教辅采用16开甚至大16开的也较多。

⑤科技类图书，多采用小16开或大32开。

⑥普及型读物、科普读物，以32开为主。

⑦诗集一般采用狭长的小开本。

⑧小说、传记、剧本等文艺类读物和一般参考书，一般选用32开，以方便阅读。

⑨少儿读物，开本与一般书籍有所不同，它有文有图，图形大小不一，文字量一般较少，文字位置也不固定，通常采用24开、28开等近于正方形的开本。

⑩小型的字典、词典、手册等便携类图书，一般采用大64开或小64开。

5. 如何选择图书的结构部件?

图书结构部件分必备结构部件和可选结构部件两类。必备结构部件是任何图书都必须具备的部件;可选结构部件是根据图书的性质和用途进行选择配备的部件。选择图书结构部件,其实是选择可选结构部件,即根据图书的性质和用途恰当选择环衬、附书名页、插页、护封、函套、腰封、书签带等部件,而必备结构部件的设计是必须进行的。

进行图书结构设计时,应考虑到图书的性质、类别、篇幅、用途、读者对象,以及可提供的材料、工艺等因素。如环衬多用于精装书,一般的平装图书则不必选用。不过有些加了硬衬的平装书,为了增加图书的牢固度,也选用了环衬。讲究的精装本,如名家文集、大型工具书、志书、高档艺术画册等,常采用护封,既可起到保护封面的作用,又能给人以雅致、厚重之感。这类图书还常设有书签带,以方便读者使用。经典类图书、主要用于赠送的礼品书等,因具有特殊意义,可选用函套。有时图书为了强化其纪念意义,还可增加藏书票。现在很多大众类图书特别是畅销书,常设有腰封,让读者很直观地接收到图书的最主要信息。

6. 如何选择图书的装订样式?

①平装。较小篇幅的通俗读物、少儿读物、教科书、生活类用书等,多采用结构相对简约的平装样式。普通平装多用于书页相对较少、开本相对较小的图书;勒口平装多用于书页相对较多的中型开本的图书。

②软精装。比较讲究但成本又不能太高的图书,可以考虑采用软精装样式。

③精装。较大篇幅的经典著作、学术性著作、中高档画册等，多采用考究程度不等的精装样式。全纸面精装多用于既需适度考究、精致，又有较大发行量的图书；纸面布脊精装多用于既需考究、精致，又有一定发行量的图书；全面料精装多用于发行量较小，但外观形式需精致、考究的高档图书。

④骑马订装。书页不多(少于100面)的图书，一般采用骑马订装的样式。

⑤线装。考究的古籍图书采用线装的样式。

⑥散页装。教育类挂图和美术小品集，多采用散页装的样式。

7. 不同类型图书美术设计的特点是什么？

图书美术设计是造型艺术在书籍装帧艺术中的具体表现，不同类型的图书应具备不同的美术设计特点。

(1)社科类图书

社科类图书的美术设计应契合图书内容的理性色彩和论述性质。如：政治类图书的美术设计，宜采用简洁的构图和明快的色彩；学术类、经济类图书的美术设计，应选用象征性图形及深沉的色彩；通俗读物的美术设计，则应选用代表性图像及明快的色彩。

(2)文学类图书

文学类图书的美术设计应根据作品的体裁、内容及作者国籍、所处的时代，体现各自的特点和风格。如：诗歌、散文类图书的美术设计，采用表现作者品格和情感表达方式的抽象构图和色彩；文集、随笔类图书的美术设计，多采用体现作者独特的人生感悟的抽象构图和不同色彩；小说类图书的美术设计，则多以凸现作品塑造的典型环境或抽象构图及色彩为主。

(3)科技类图书

科技类图书有初级、中级和高级读物三个级别,不同级别的图书,美术设计特点各异。初级读物主要是指科普读物,多采用形象化的构图和较鲜明、强烈的色调;中级读物主要是指应用科学和实用技术读物,其构图应略显平稳、概括,色彩以明朗为主;高级读物则主要是指基础理论、专业技术理论著作等,其构图和用色一般不过于繁复。

(4)画册类图书

画册类图书可以分为普通型、精致型、豪华型三种。普通型画册,设计较为简朴,多采用简略的图文和单一的色彩;精致型画册,多采用丰富的色彩;豪华型画册,多采用浓墨重彩和镶嵌烫印等。

(5)辞书类图书

辞书类图书,无论是百科全书、专科词典还是语言文字的字典和词典,其美术设计多以强烈的艺术效果突出其书名,并辅之以象征性图饰和色彩。

(6)少儿类图书

少儿类图书的美术设计要充分体现不同层次少儿读物的特性。如:低幼读物的美术设计,多采用卡通类、拟人化动物形象及幼稚的文字和鲜艳的色彩;少年读物多采用略带夸张、变幻的图像和文字。

(7)古籍类图书

古籍类图书的美术设计,多采用书法字和古雅的色彩配以与图书内容相关的标志性文物图形或历史图像。

(8)丛书类图书

丛书类图书，既有综合各个学科门类的，也有仅为某一学科门类的。丛书类图书的美术设计，多以某一图案和色彩显示丛书的标志和基调，同时以不同的构图和色彩表现各分册主题内涵，既显示出丛书的整体特点，又体现出单本书各自的独特风格。

8. 图书美术设计包括哪些内容？

图书美术设计包括封面、护封、环衬、衬页、扉页、插页、函套、腰封等的设计。封面设计又包括面封（封一）、底封（封四）、封二（封里）、封三（底封里）和书脊的设计，有的平装图书还需考虑勒口的设计。

9. 如何进行图书面封的设计？

封面设计是图书美术设计的主体，而面封设计是图书美术设计的重中之重。面封上的图案、纹饰、颜色及其变化，应能很好地契合图书的内容和风格。

面封上必须著录主书名、作者姓名和出版者名称，有的图书会有副书名和丛书名。面封上各著录项目文字的字体、字号、颜色和排式，应根据面封背景的风格来设计处理。

主书名是视觉要点，是读者关注的中心，要处于面封的关键位置，其他要素的设计都应围绕着主书名来展开。主书名一般用较大字号的字，字体的选择是图书美术设计中最丰富的。副书名的字号要小于主书名，字体与主书名既要有所区别，又要协调呼应、浑然一体。

作者姓名的字号应小于副书名；作者为两人以上时，姓名与姓名之间应空一字，中间不加标点符号，而且一般将只有两个字的作者名的中间空一字；翻译图书应在原作者姓名前的方括号内注明国籍。

出版者名称较多使用的是出版单位专门设计的字体（或题字），其他的也一般采用专用的固定字体，字号小于或等同于作者姓名；出版者的图案标志一般加在名称之前或之上。

面封文字横排时，一般是主书名、副书名、作者姓名依次从上往下排在面封的上半部，出版者名称排在下方靠近书根处。面封文字竖排时，一般是主书名、副书名、作者姓名由右至左依次排在面封的右半部上方，出版者名称排在书脊旁靠近书根处。如果有丛书名，丛书名一般排在面封的左上角或右上角。根据图书性质、风格和美化要求，设计时对面封上各著录项目的位置也可做一些调整，但不能颠倒主书名与副书名的位次。

根据国家标准（在面封、底封、扉页或版权页上必须著录书名汉语拼音）的要求，以及面封视觉效果的需要，有的封面上常设计有书名的汉语拼音或英文。

10. 如何进行图书底封的设计？

底封与面封、书脊同为封面的有机组成部分，设计时要注意把握与面封设计的统一性和连贯性，无论是背景的设计还是文字的安排，都要与面封相呼应，同时要注意与面封设计的主从关系。底封右下角要按国家标准放置中国标准书号及其条码，在条码的下方放置图书的定价。有的图书在底封的左上角著录有责任编辑、美术设计（封面设计）等的姓名。市场类图书一般在封底安排有图书的内容提要、专家荐书等内容。丛书底封一般安排有丛书目录。

11. 如何进行图书封二、封三的设计？

图书的封二、封三一般设计成空白页。一些比较考究的图书也对封二、封三进行设计，主要是设计一些图案或者色块。在对封二、封三进行设计时，要注意与扉页、面封和底封的设计协调，与图书的内容相呼应。有些大型的系列书，特别是中小学教辅材料，为了节省篇幅，常在封二、封三上安排系列书的介绍等内容。

12. 如何进行图书书脊的设计？

书脊的设计是封面设计的重要环节。书脊位于面封和底封之间，一方面起连接面封和底封的作用，另一方面起使面封设计和底封设计自然过渡的协调作用，所以书脊的色彩和图案设计应当与面封和底封相协调。为便于装订，书脊与面封、底封交界处的底色过渡不能太明显，更不能用细线隔开。

根据国家相关规定，宽度大于或等于 5 毫米的书脊，均应印上相应的书脊内容。

当书籍排列在书架上时，书脊担负着标示书名、编著者名、出版者名等说明任务，所以书脊上一般安排有书名、作者名和出版者名，并根据书脊空间的大小，选择安排丛书名等信息。

书脊设计要具有艺术魅力，体现图书的内容个性，并以其有趣的艺术形式、直观的形象，产生强烈的视觉冲击力和符号意识，使读者过目不忘。书脊上的文字要保持与封面文字完全一致。为了便于读者查找，书脊上的字体变化不宜过多，一般采用正规的印刷体，较少用书法体或手写体。

13. 如何进行平装图书封面勒口的设计？

现在越来越多的平装图书都设有勒口。作为封面设计的组成部分，勒口的设计也要与封面保持协调。

勒口上一般安排内容提要、作者简介或其他宣传性文字，也有的排印责任编辑、装帧设计人员等的姓名。也可以前后勒口不排印任何文字，或者前勒口有文字后勒口没有。相比后勒口，前勒口一般安排的是更重要的内容，如前勒口排印第一作者的简介，后勒口排印第二作者的简介。勒口上无论有没有文字，都一定要注意面封和底封的底纹与勒口部分的过渡，以保持勒口折叠后的视觉效果。勒口上的文字颜色，要根据勒口上底纹的情况进行设计，保证勒口上的文字与底纹形成强烈的视觉反差。若有底纹特别是颜色较深的底纹，一般用灰白字；颜色很浅或没有底纹时，一般排深色的文字。

14. 如何进行图书的护封设计？

护封是图书外层与图书分离的一张单页，即封面外的包装纸，一是保护图书不被损坏，二是装饰书籍，以提高档次。护封上一般印有书名、作者名、出版者名和简单的装饰图案。精装图书多有护封，护封须设有勒口。护封的勒口设计与平装书勒口设计相似。

由于护封在图书的最外层，故护封的面封、脊封和底封都应该像封面一样印有规范著录项目。同时，护封的设计同封面设计既要有区别，又要有联系。在色彩、造型上应与封面设计相呼应，在风格上要求和谐、统一。

15. 如何进行图书的环衬、衬页和插页设计？

图书的环衬、衬页和插页整体上起结构性的装饰作用，对它们的设计，一是应体现这些部件各自的结构性特点；二是发挥它们对封面、护封所起的补充、映衬、联系作用，做到与封面、护封主次有别；三是要同封面和护封一起与图书的整体形象保持和谐、一致的审美效果。

16. 如何进行图书的扉页设计？

扉页是图书封面到书心的过渡，因此，进行扉页设计时要考虑与封面、书心的前后关系。这种关系包括与封面、书心的节奏关系及与封面、书心的和谐关系。扉页设计要求简洁、大方，书名文字明显、突出，其他信息的字体、字号得当，位置有序。

不同性质的图书，对扉页设计的重视程度不同。考究的、经典的图书，一般会把扉页的设计纳入封面、护封等整体设计之中，保证与封面、护封的和谐统一；教科书、教学参考书、普通读物等，讲究一点儿的也只是提炼一些封面的元素与之呼应，更多的则是封面文字的编排。

扉页上的书名、作者名、出版者名等信息应按国家标准标注。封面上一般只标注主要的作者如主编，而扉页上应标注所有应该著录的作者名。

17. 如何进行图书的函套设计？

图书函套设计是图书美术设计的重要组成部分，函套在图书的保护、收藏和美化中起着重要的作用。函套的设计首先要与封面的设计相呼应，同时要根据图书的性质和读者对象做好装帧材料的选用和印刷以及加工工艺的选择，还要注意函套的形状设计与函套上的配饰（如书名标志、花纹烫印和徽记镶嵌等）相匹配。

18. 如何进行图书的腰封设计？

腰封主要起宣传、介绍图书的作用。由于腰封的空间比较小，设计的宣传文字一定要简明，应具有“一语中的”的效果，但切忌使用浮夸和与图书毫无关联的语言。腰封的图案和色彩应该与封面、护封相协调，具有相互补充的作用，这样才能形成良好的整体审美效应。

19. 如何选择图书的书心用纸？

书心用纸要根据图书的性质和印刷要求进行选择。

工具书由于内容信息量大，又需经常翻阅，开本小、字数多的字典、辞典、手册等工具书，宜选择字典纸。

胶版印刷纸或胶印图书纸价格低廉，市场上绝大多数要求不高的黑白图书和部分彩色图书，都是选用的这两种纸，如教材、科普读物、通俗读物等。

以图片为主或图文并茂的精美画册，书心多采用铜版纸、哑粉纸或轻涂纸。这些纸由于纸面上涂有白色涂料，表面平整度高，彩色图像的还原效果好。

近年来，书心选择轻质印刷纸的日益增多。这种纸相比其他类型的纸张，同克重的纸显得要厚一些，所以文字遮盖性好。纸质挺度好，手感柔和，因不含荧光增白剂，多为奶白色、淡米色，不刺激眼睛，读者阅读时不会造成视觉疲劳，保存多年也不会变质。轻质印刷纸的另一个特点就是重量较轻，便于携带。

选择了纸的品种后，是选择平板纸还是卷筒纸，则要根据图书的印数来定，印数大的选择卷筒纸，印数小的则选择平板纸。

20. 如何选择图书的装帧工艺材料？

同样的创意设计，如果选择不同的装帧工艺材料，会产生截然不同的装帧效果。选择恰当的材质元素，对美术设计者来说，显得非常重要。

随着科学技术的发展，各种新型的图书装帧工艺材料大量涌现。面对品种繁多、各有特色的图书装帧工艺材料，一是要选择坚实、轻便、防潮、符合环保要求的材料，二是要根据图书的性质和可能的销售量选用成本合适的材料。

装帧工艺材料主要包括书壳（函套）材料、封面（护封）面料、环衬（主、附书名页）材料，以及烫印用的电化铝箔和粉箔等。

①书壳材料主要有封面纸板、制作书套的封套纸板及用于制作软质书壳和封套的单面白纸板等。

②封面面料有纸质、织物和非织物三类。纸质面料有胶版纸、铜版纸、书皮纸、复合加工纸、涂塑纸、花纹纸及漆纸等；织物面料有棉布、丝绸、麻布、化纤纺织品、漆布等；非织物面料有皮革、塑料等。

③环衬材料有胶版纸、铜版纸及米卡纸等。

21. 什么是图书表面整饰加工工艺？

所谓表面整饰，就是对印刷品表面进行加工，改善和增强印刷品表面性能，提高印刷品表面的视觉效果，给人以精美、高贵等印象。这样可以促进销售，同时也能扩大装帧设计的创意空间。

随着新材料和新技术的快速发展，尤其是印后加工技术和设备的发展，图书表面整饰加工工艺也逐渐多样化、自动化和精美化。图书表面整饰加工工艺按照加工方式和功能大致分为整体整饰工艺和局部整饰工艺两类。

22. 图书表面整体整饰工艺有哪些？

整体整饰工艺是现代图书出版加工最基础的表面整饰工艺，主要包括覆膜、上光、过油等整体性工艺技术。

（1）覆膜

覆膜是目前书封加工最常见的工艺技术。书封印刷后通过覆膜工艺，在印刷品表面贴合一层透明的薄膜保护层，一方面提高了印刷品表面的光泽度，使封面图文具有更加鲜亮的色泽和品相，增强了图书的货架展示效果；另一方面，通过该工艺加工可以提高纸张的防潮、防水、防脏污和耐折等效果，大大提高了图书的使用寿命。

覆膜材料有多种选择，常见的平装书籍较多选用亮光膜。该类薄膜表面光泽度好，覆膜后印刷品具有较好的光泽度，同时能够提高书封表面图文的视觉效果。还有一类是亚光膜。该薄膜具有磨砂朦胧效果，贴合在印刷品表面给人以高贵之感，往往较多使用在高档精装书籍封面上。

近年来，随着数字出版和传统出版工艺的革新，图书出版时订单数量差异较大，多则上万本甚至几十万本，少则几本。如果都选择传统工艺加工，往往会造成浪费，因此对于采用数字化印刷的、印数较少的图书，往往选择预涂型覆膜工艺，该工艺尤其适合当下数字化个性印刷图书。

(2)上光、过油

上光、过油也是书封整体表面加工的一种常见工艺。该工艺充分利用镜面反射原理，在印刷品表面涂布一层薄薄的具有较强光泽的涂料，干燥后形成有较强光泽效果的保护层。

上光和过油一般较覆膜节省成本，同时利于纸张的回收等，是一种比较环保的表面加工工艺。

目前上光涂料主要有溶剂型上光涂料、水性上光涂料、UV上光涂料等，分别适用于不同档次的印刷品表面加工。其中水性上光涂料因使用水和醇等作为溶剂，涂布上光后无有害残留，是上光涂料中最环保的品种。UV上光涂料是近些年较为流行的一种高品质的上光涂料，在印刷品表面涂布固化后，形成的涂布层具有非常好的光泽度和视觉效果，广泛用于质量要求较高的书封表面加工，且成本低于覆膜。

23. 图书表面局部整饰工艺有哪些?

局部整饰工艺是书封印后加工的重要环节，工序种类繁多、加工效果突出，被设计师广泛采用。局部整饰工艺主要包括：烫印、凹凸压印、局部上光、水晶滴塑、磨砂、植绒等工艺技术。

烫印，包括印金、烫金、烫银等工艺，是现代图书广泛使用的一种局部加工工艺技术，尤其是高档次的精装书籍更是广泛使用烫印技术。经过烫印，在印刷品表面形成光泽度极好的具有金属质感的图文，极大地提高了图书的品位和档次。近年来随着烫印工艺的快速发展，新技术也不断出现，如冷烫印技术、扫金技术、激光烫印箔等。新技术和新材料的出现，使得表面整饰加工锦上添花。

凹凸压印是目前书封加工的主流印后加工工艺，凹凸压印加工时使用凹凸啮合的预定形状模板，在模切压痕机上对书封预定位置进行压印，形成凹凸图文。该工艺一般对书封上的标题文字、主体图案等需要强调的部分图文进行凹凸加强，压印后在书封表面形成明显的浮雕效果和立体效果。该工艺常和其他表面整饰工艺如局部印刷上光等组合使用，以增强书封的艺术效果。

局部上光是现代上光工艺的一个新方向，该工艺与传统型全面上光工艺有一定的区别，其生产加工主要利用印刷原理，先将预上光部分图文出片制版，再利用印刷设备在待上光区域进行印刷上光。局部上光和全面上光相比，一方面节约生产成本，另一方面常和其他整饰工艺相结合，凸显加工效果，给人更多的创意想象空间。

水晶滴塑是近些年兴起的一种局部加工技术，该技术一般用于加工图书标题和主体图案表面，加工时利用PVC等健康环保材料进行热熔滴塑，冷却后在预定图文表面形成具有凸透效果的透明塑胶层，使文字看起来具有一定的立体感和浮雕感，且塑胶层具有无毒、柔软透明、耐折抗压和手感好等特性。

磨砂、植绒等整饰工艺是典型的个性表面加工技术，其加工原理和局部上光工艺很相似，主要利用印刷原理，先制版，再覆盖胶剂等，最后利用黏合剂的黏合性能将绒毛和晶砂粘附，形成特定的加工效果。

当然局部整饰工艺远不止上述工艺，在实际生产中，局部工艺常和其他工艺技术组合使用，以增强其加工艺术效果。

24. 如何选择图书的表面整饰加工方案?

进行图书表面整饰加工方案设计时，要充分考虑设计方案在生产加工上的可行性。如特种纸张不能用于过于细密的图像的印刷，以免造成图像失真；织物材料主要用在简洁的美术设计方案中；等等。设计者必须熟悉现代各种类型表面整饰加工工艺的特性，熟悉各种装帧工艺材料的性能和规格，从而有针对性地选择相应的材料和工艺。否则，不仅达不到设计所要求的效果，反而会导致生产成本大幅度上升。

不同性质的图书，在表面整饰加工工艺的选择上存在较大的差异。珍藏类图书、学术类图书、成套的大型工具书等，可选用凹凸压痕、浮雕压痕等工艺，并采用与之相适应的富有弹性的装帧材料。普及型礼品书，可使用烫印或凹凸压痕等表面整饰加工工艺。面向儿童的图书，其装帧材料和表面整饰加工工艺的选用既要充分考虑儿童的特点，又要考虑这类图书的表现特性；既要耐磨、耐污，又要显示鲜艳的色彩，还有就是尽量选用环保材料。面向大众的图书，因读者面广，发行量大，其装帧就不宜多用高档材料和特种印制工艺，以尽量降低图书的成本，适应大部分读者的购买力。

不同的表面整饰加工工艺，工价相差很大，直接影响到图书的生产成本。选用得当，能提升图书的质量品位，增强市场竞争力；过度使用，只会徒增成本、造成浪费。从图书生产成本的角度出发，图书一般分为三类，应根据图书的类别，选择适宜的表面整饰加工方案。大中专教材、中小学教材、教辅图书、普及读物等经济型图书，使用周期一般相对较短，不宜增加过多的生产成本投入，只需对书封进行基础性的整饰加工，往往直接在印刷品表面进行简单的上光、覆膜等。各种读物类、技术类等实用型图书，要求具有一定的使用寿命和储存周期，在合理控制成本的前提下，往往采用两种以上的组合工艺生产加工，如覆膜（上光）＋ 烫印、覆膜＋ 局部 UV（一般 UV、七彩 UV、磨砂等）、覆膜＋凹凸压印＋ 局部压纹等。各种典籍、工具类图书等考究型图书，制作要求精良，需要长期保存，成本只要在预算范围内即可，往往选取多种组合工艺设计加工，常见的有覆膜（上光）＋ 凹凸压印＋ 烫印＋ 局部磨砂（植绒）等。

图书的表面整饰加工既是一门技术，更是一门艺术。设计师在进行图书美术设计时，较少使用单一的整饰工艺，往往同时将多种工艺技术组合搭配使用，以提高图书的精美度和档次。同时，作为设计者，一方面要考虑设计方案生产加工的可行性，另一方面更要考虑图书的性质和加工成本等因素，做到组合优化和选择合理。

25. 什么是图书的版式设计?

图书版面的构成要素一般有版心、行距、文字的字体字号、标题、图表、页码、装饰符号等。图书版式设计就是根据图书的性质、内容、读者对象和可利用的工艺技术手段,对每个版面构成要素的位置、大小和式样做出平面上的安排的一种视觉传达设计方法。

26. 图书版式设计有哪些基本要求?

图书版式设计是具有思想性、艺术性和技术性的一项工作,设计时应满足以下基本要求:

①结构合理,层次清楚,能很好地表达书稿内容。

图书版式的结构合理包括整体结构合理和局部结构合理。整体结构合理体现为:正文、辅文、表格等附件的排序合理,总的成书结构有利于表达书稿内容,符合广大读者的阅读习惯和使用要求等;局部结构合理体现为:各部分、各章节的排列和连接合理,图、表、公式与正文的衔接妥当等。图书版式的层次清楚,是指图书的体例合理,如标题级别明确,占行醒目,字号大小、字体轻重搭配合理,全书另页、另面、另行、回行等符合规范、安排得当等。

②编排紧凑,配置适当,最大限度地扩大信息容量。

图书版式设计的作用是利用有限的平面空间,将一定量的文字信息传递给读者。编排适当紧凑,既可以避免图书体积过大,影响阅读和携带;又可以避免浪费纸张,给读者增加不必要的经济负担。配置恰当,是指版心不宜过大或过小,标题与正文衔接适当,正文字号及容量要适度,图、表与正文衔接要紧密。总之,版面要求紧凑而不拥挤,疏松而不散乱,各种配置综合考虑，在不影响使用和版面美观的前提下，最大限度地扩大文字信息的容量。

③提示扼要明确，总体布局得当，便于读者检索。

图书的各种提示信号，对读者起着重要的引导作用。从内容上讲，图书的内容提要、作者简介、编写说明、目录等辅文、附件都具有提示作用。所有提示内容的图书版式都不应复杂，要采用简单常规的、广大读者所熟悉的形式，否则就违背了图书版式服务于图书内容的基本要求。图书的总体布局也对方便读者检索起着重要作用。图书的各种辅文、附件有着不同的作用，其位置有一定规律，图书版式设计的一个方面，就是决定图书各部分内容的顺序，这就要求全书的总体布局要得当，能为读者检索提供方便。

27. 如何进行图书版心大小的设计？

图书版心大小的设计直接影响读者的阅读感受和图书的成本。若版心较小，则周空较大，版面显得疏朗、爽目，阅读起来感觉轻松，但图书的成本会增加；若版心较大，则周空较小，虽减少了图书的成本，但读者阅读起来会有一种压抑感。

版心的大小，应根据图书的性质、种类和开本来选择。实用型、通俗型图书和经济型小开本图书，版心不宜过小，以容纳较多的图文内容；休闲类、随笔类、诗歌类等中型开本图书，版心可以设计得小一些，方便读者翻阅、做笔记；美术欣赏类等大型开本图书，以图为主，版心应较大，以展示图片的魅力。

图书正文部分全部页面的版心必须大小一致，但图书辅文部分的版心，可以与正文一致，也可以与正文不同。

28. 如何进行图书版心位置的设计？

从视觉效果出发，图书版心在版面上的位置一般是左右居中略偏下，即天头略大于地脚（一般比例为 1.4∶1），具体到某种图书，版心在版面上的位置视内容而定：专业图书，为方便读者加批注，天头或翻口应留得大一些；摄影集、画册等艺术类图书，为追求版面的艺术效果，常将靠近天头或翻口的图片设计成超版心或出血形式。

版心位置的设计还要考虑图书采用的装订形式，也要考虑到不同装订方式订缝占用的空间不同，不得将订口设计得过窄而导致靠近订口的图文无法正常阅读。

29. 图书的版面分为哪几种形式？

图书的版面分通栏版面、双栏版面和多栏版面三种。

通栏版面是指每行文字均从版心的一侧一直排到版心的另一侧。采用通栏版面类型的图书，除小型开本的图书及文内辅文外，这种版面所用字号一般不得小于五号。

双栏版面是将版心纵向分割成宽度大小完全相等的两部分而形成的版面。双栏版面的行长约为通栏版面的一半。行长缩短，正文字号可相应变小，这样可以使版心获得尽可能多的图文容纳量，从视觉上也不影响读者的阅读。

多栏版面是将版心纵向分割成宽度大小完全相等的三块或更多块而形成的版面。选用这种版面，是为了解决图书开本相对较大、字号又相对较小的问题。

图书的版面以通栏为主，有些篇幅较大的教辅类图书、大型开本的工具书和资料性质的图书，为节省版面，常采用双栏甚至多栏的版面类型。采用双栏或多栏类型时，各栏的栏宽都必须相等，栏与栏之间要留 1～2 字宽的空白或再加上栏线。

30. 如何选择图书正文主体文字的字体？

不同的字体会带给阅读者不同的感受。字体的选用是形成版式设计风格不可缺少的元素。

图书正文主体文字主要选用的字体有宋体、楷体和仿宋体三种。在众多印刷字体中，宋体字最适于阅读，所以图书正文主体文字多选用宋体字。楷体字接近手写体，易写易认，字形活泼，常用于儿童读物和小学一至四年级教科书。仿宋体字形秀美、典雅，刚柔并济，常用于诗集、散文集等文学类读物。

字体的选择不能太多，一般两三种最为理想，否则版面会显得凌乱而缺乏整体感。在选用的字体中，为体现丰富多彩的变化效果，可适当采用加粗、变细、拉长、压扁等方式来变化字体。

31. 如何选择图书正文主体文字的字号?

图书正文主体文字的字号应依据图书的性质、类别、开本而定。文字太小，阅读起来会非常吃力；文字太大，会使版面显得粗笨。一般图书采用五号字；开本较大的通俗类图书、休闲类图书、老年读物等可采用小四号字；儿童读物多采用小四号字或更大字号的字。双栏排的工具书等多采用小五号字；多栏排的工具书可用六号字。

对中小学教科书字号的选用，国家颁布了相应的国家标准：小学一至二年级各科教科书采用二号或三号字，小学三至四年级采用四号字，小学五至六年级和初中、高中采用小四号字，高中理科教科书宜采用五号字。

32. 如何进行图书版面字数的设计?

图书的版面字数等于每行的字数乘以每面的行数。图书版面字数的多少，直接影响整本图书的篇幅大小，进而影响图书的成本和定价。

每行的字数与版心宽度、字号和字距相关，每面的行数与版心高度、字号和行距相关。所以,图书版面字数的设计实际上就是对版心大小、正文主体文字字号、字距和行距的设计。

如前所述,版心大小和正文主体文字字号的设计应根据图书的性质、种类、开本、读者的阅读感觉等来选择。

字距有标准、加宽和紧缩三种。一般默认为标准值,即字与字之间的距离为0;特殊情况可以加宽,如少儿类图书;紧缩则不可取,否则阅读起来很吃力,影响图书的阅读效果。

行距为上行与下行之间的距离,分为标准行距、宽行行距和密行行距三种。行距应根据图书的性质灵活设计,扩大行距,版面疏松;缩小行距,版面严谨。标准行距为字高的1/2,用于一般的普通读物;宽行行距为字高的2/3～7/8,多用于经典著作或者休闲类、艺术类、少儿类图书;密行行距小于或等于字高的1/3,常用于篇幅较大的图书,尤其是便携式的小开本书和工具书。

33. 如何进行图书版权页的排版?

对于版权页的排版,国家制定了相应的国家标准。

版权页又叫版本记录页,用于提供图书的版权说明、图书在版编目(CIP)数据、版本记录等信息。位于主书名页的背面。

①版权说明:作者或版权所有者授权出版的作品,可标注版权符号,并注明版权所有者的姓名及首次出版年份,位置排在版权页的上部。引进版图书,国外出版社都要求在版权页上标注版权说明;国内作者的作品,一般只是注明“版权所有、不得翻印”等字样。

②图书在版编目(CIP)数据:图书在版编目(CIP)数据前应冠以“图书在版编目(CIP)数据”字样,其结构和印刷格式应按相关国家标准执行,且排印在版权页的中部位置。

③版本记录：著录 CIP 数据未包括的印刷发行、载体形态等记录，以及出版责任人记录等项目。印刷发行记录包括印刷者、发行者的全称，第1版、本版的年月，本次印刷的年月及印次，印张数、字数、插页数、印数、定价等。载体形态记录包括图书的开本和幅面尺寸，图书附件（如 CD，CD-ROM 等）的类型和数量等。出版责任人记录指责任编辑、装帧设计、责任校对和其他有关责任人信息。

34. 如何进行图书 CIP 数据的排版？

对于 CIP 数据的排版，国家也制定了相应的国家标准。

CIP 数据的内容由四个段落组成，依次为：图书在版编目标题、著录数据、检索数据、其他注记。

第一段是图书在版编目标题，即标明“图书在版编目（CIP）数据”的标准字样，放在首行，用黑体字排版。

第二段是著录数据，与第一段之间空一行。一般分成两行：书名与著作责任者项、版本项、出版者项连续著录；丛书项、附注项、标准书号项单独另起行著录。

第三段是检索数据，与第二段之间空一行。排版次序为：书名检索点、著作责任者检索点、主题检索点、分类检索点，各检索点依次用大写罗马数字排序。除分类检索点外，同类检索点中的数据超过一个时，依次用置于圆圈符号中的阿拉伯数字排序。分类检索点中的数据超过一个时，各数据之间要有间隔，不用任何数字排序。

第四段是其他注记，与第三段之间空一行。一般是著录“中国版本图书馆 CIP 数据核字（年份）第×号”的字样。

图书出版前，出版社都要向国家 CIP 数据中心申领 CIP 数据。各出版社必须严格按照CIP数据中心提供的样稿格式排印CIP数据。

35. 如何选择图书标题的字体、字号？

图书标题字体、字号的选用，必须依据图书的类别、开本和相应标题的级次来确定，并遵循以下基本原则：

①开本越大，字号越大；开本越小，字号越小。

②标题选用的字号与正文主体文字所用字号的对比不宜过于强烈。

③同一种图书中，相同级次标题的字体字号要一致。

④标题所用字体以黑体、标宋体、宋体、楷体、仿宋体等为主。

⑤分级要明晰，富有层次感。要按照“由大到小、由重到轻”的原则选择各级次标题的字体、字号。“由大到小”是指字号的选用按照标题级次的降低逐级变小；“由重到轻”是指所选字体按照标题级次的降低由粗到细。

⑥最小一级标题的字体、字号不得轻于和小于正文主体文字的字体、字号。

36. 如何进行图书标题序号的设计？

(1)标题序号的主要形式

图书标题分为有序号标题和无序号标题两类。对于有序号的标题，标题序号主要有以下四种形式：

①采用篇章节的形式，即“第×篇”“第×章”“第×节”等。采用这种形式，序号可以在题文上方单独占行，也可以空一字后接排题文。

②采用改变数字(包括汉字数字和阿拉伯数字)、字母的写

法的形式，如“一、”“（一）”“1.”“（1）”“①”“A.”“a.”等。序号的选用规则是汉字数字在前，阿拉伯数字在后，字母更后；不带括号的在前，带括号的在后，加外圈的数字最后；大写字母在前，小写字母在后。

采用这种形式的序号需要注意的是：单纯的汉字数字后加顿号，单纯的阿拉伯数字或字母后加下脚点“.”，带有括号或者外圈的数字后不加任何标点符号。

③国际通用的形式，如“1”“1.1”“1.1.1”等形式，目前为越来越多的科技图书包括国家标准所采用。采用这种形式的序号，末尾数字之后不加任何标点符号，而是空1字后排题文。

④特殊的标题序号形式，如数学类教科书常采用“§1”“§1.1”等形式。

（2）标题序号的设计要求

①同一本书只能选用一种标题序号形式。

②所有标题序号的顺序不可倒置。

③标题可以跳级，可以根据标题的实际层级，跳过某些形式的序号。

④序号的字号应与题文相同。

⑤序号的字体一般与题文相同，但若序号是阿拉伯数字、字母或其他非汉字字符，可以选用与题文字体相近的字体。

37. 如何进行图书标题位置的设计？

标题位置的设计，应根据图书性质、开本大小、标题文字多少及版面整体布局等因素综合考虑。

一级标题的位置有四种：第一种是另页排，在单页码上单独占一面，背面为空白页；第二种也是另页排，但在标题下面接排正文主体文字；第三种是另面排，而且是单独占一面；第四种也是另面排，但在标题下面接排正文主体文字。

一级标题一般左右居中排，也有从版面的整体效果考虑，居左或居右排。

一级标题以下的各级标题，可以左右居中排或居左排。可以不接排正文主体文字，也可以接排正文主体文字。如果一本书的标题有多种排法时，应按照标题级次从大到小顺序，先是左右居中排的标题，然后是居左排的标题，最后才是接排正文主体文字的标题。

需要特别注意的是，标题不能位于页末，即标题不能沉底，形成背题。

38. 如何进行图书标题加空的设计？

对于字数较少的标题，为了让标题不显得拘束、失衡，可以适当增加字间距。字间距的大小没有统一的标准，应根据标题字数的多少、字号的大小，从美观、大方的角度灵活选择。如果标题的字数在五字及以上或已占版心宽度 1/2 及以上，字间则不用加空。

39. 如何进行图书标题占行的设计？

独立成行的标题在版心中一般不止占一行的位置，这主要是因为标题的字号比主体文字大或字体比主体文字重，通过多占行，可让标题更加突出、醒目。

标题占行的多少没有统一的标准，除了有的图书的一级标题单独占整个页面外，只要标题下面接排文字，每级标题所占的行数，按标题的级次逐级减少。一般来说，四级以下的标题可以只占一行，在标题后空一个字的间距再接排正文主体文字。

占一行以上的标题，一般是上面要多空一些。一是从人的视觉效果考虑，二是因为标题与下面的内容联系更为紧密。

各级标题占行一经设定，全书必须统一。只有在两级标题连排的情况下，可以减少占行，以避免造成两级标题之间过于稀疏。

40. 如何进行图书标题转行的设计？

左右居中的标题，其长度超过版心宽度的3/4时，应做转行处理。

标题转行有三种形式：一是转行齐左，即所转文字的第一字与标题序号平齐；二是转行齐肩，即所转文字的第一字与标题序号后的第一字平齐；三是转行居中。

标题转行时，必须严格遵守“不损文意、便于阅读”的原则，即标题转行不能割裂复音词，虚词不能转为下一行的第一字，介词、连词不能单独留在上行末尾，更不能让转行的标题排在两个不同的页面。

41. 如何进行图书引文的版式设计？

图书中的引文分短句引文和大段引文两种。引用的文字少于四行时，为短句引文；引用的文字在四行及以上时，为大段引文。短句引文又分直接引用和间接引用两种。

在对图书引文进行版式设计时，应注意以下几个方面：

①被直接引用的短句引文须用双引号标示，随主体文字一起表述，版式与前后的主体文字一致。被间接引用的文字一般不加双引号。

②大段引文应另行，单独成段，引文不用双引号。大段引文一般设计为与主体文字不一样的版式。如果主体文字是宋体，

引文的字体多选用仿宋体或楷体；将每行行首缩进两个字或将行首、行尾均缩进两个字，以便引文更为清晰。

③对诗歌的引用，若只是诗歌的一行，则采用短句引文的标示方式用引号引出；如果是两行，可以将其改成不分行的接排形式，中间用斜线“/”分隔，斜线前后各空 1/2 字距；如果是三行及以上，应采用大段引文的版式设计。

④直接引用的引文要与原文保持完全一致，包括标点符号。如果希望省略引文中不重要或与前后内容不相关的部分，可以使用省略号。

⑤若引文是用双引号引出的，则引文中的引号只能用单引号。

⑥要在引文后括注引文的出处。

42. 图书中的注释分哪几种？

注释是对图书正文中局部内容的解释性文字。根据其所处的位置，注释可分为处于主体文字之中的夹注，处于段与段之间的段后注，处于某一页面地脚处的脚注，处于某一章末的章后注，处于某一篇文章末尾的篇后注，处于全书最后的书后注，等等。

43. 图书中的注释由哪几部分构成？

注释一般由注文、注码、注线构成，且都应排在版心之内。有些类别的注释没有注线、注码，有的只是没有注线。同一本书中，同一类别的注释的格式应前后一致。

44. 如何进行图书注释中注文的版式设计？

注文是注释的主体部分，不同类型的注释，注文的格式也有所不同。

夹注一般采用加括号的形式，把注文直接插在被注解的文字之后，字体一般比主体文字稍轻或与主体文字相同，字号等同于主体文字或比主体文字略小。夹注只有注文，没有注码、注线。

段后注主要用于需注之处较多的图书，如古籍类图书、文言文读物等。段后注要在进行注释的某个段落之后另行起排，采用比主体文字略小的字号或与主体文字相区别的字体。注文转行有“齐肩排”和“顶格排”两种形式，使注码排列清晰、齐整。段后注没有注线，但有注码，要在注文和主体文字对应处各用一定样式的注码标明各自的对应关系。

脚注也称“页下注”，位于版心的最下方，其排式与段后注大体相同。不同之处在于脚注有注线，位于末行主体文字与脚注之间，长度约为版心宽度的 1/3；脚注要与所注正文内容处于同一个页面，注码的序号以一个页面为单元连续编制。脚注因检阅相对比较方便，是图书中使用得较多的一种注释形式。

篇后注是把注文全部排在一篇文章的最后，主要用于注文相对集中、字数又较多的文集类作品中。采用这种形式，就不会在版面不够时出现注不随文的现象。其排式与段后注基本相同，所不同的是注码序号以篇为单元编制，注释部分与正文之间可以使用注线，也可以在其上方排“注释”“附注”“注”等标题。与“篇后注”相似的有图书中“编”或“章”后的“编后注”或“章后注”。

书后注就是把所有的注释排在全书正文之后，主要用于注文不多的图书。书后注一般另面起排，没有注线，与篇后注类似，在注释上方加“注释”“附注”“注”等标题。注码序号以全书为单元连续编制。

45. 如何进行图书注释中注码的版式设计?

除夹注以外,其他类型的注释都必须在被注释文字处和注释的首部设置注码,标明正文主体文字中被注释文字与各注释条目之间的对应关系,以方便读者对照查阅。

①注码一般采用数字或“[注]”或星花“*”等形式。

数字形式的注码,又分为数字外加圆圈的阳码(如①②等),数字为白色、圆圈内背景为黑色的阴码(如❶❷等),以及数字与方括号(或六角括号)组合而成的拼合码(如[1]或〔1〕等)三种形式。

“[注]”和星花“*”形式的注码用在注文很少的情况下。只有一条注文时,可以采用“[注]”和星花“*”形式;有两条注文时,可用单星花和双星花相区别;注文多于两条时,要采用数字形式的注码。

②无论用何种形式的注码,全书必须统一。

③注码一般采用上标形式接排在需要解释的主体文字之后。

④注释中的注码应与后续的注文间隔 1/2 字空。

⑤对文集类图书,若需对标题或作者进行注释时,绝大多数用星花作注码,并排在该标题或作者姓名所在页面的最下面一行。

46. 如何进行图书注释中注线的版式设计?

注线的作用是把注文与正文主体文字隔开,其长度一般为版心宽度的 1/3。注线一般用正线,通常顶格排,也可与注文左齐。注线与正文间的间距应等于或略大于正文主体文字间的行距;注线与注文间的间距要小于正文主体文字间的行距,但大于注文间的行距。

47. 如何进行图书书眉的版式设计?

书眉是在图书版心以外空白处印有图书名、篇章名等项目的文字。书眉的作用一是方便读者查阅,二是起装饰版面的作用。

书眉文字的内容一般是图书中篇(章)、节等一级、二级标题的名称。书眉排序的总原则是双页码面标题的级次比单页码面大,即双页码面的书眉为上一级标题,单页码面的书眉为下一级标题。有时也把丛书名或书名作为书眉,这样的书眉仅起装饰作用,不具有方便读者检索的功能。如果标题文字过多,可以对书眉文字做适当删节,但不能割裂意义,且全书必须保持一致。图书正文中,一级标题的开始页面上一般不设计书眉。辞书及各种工具书为方便读者检索,可将本页面上的关键检索点作为书眉,通常列出本页面上的全部部首、字头或起讫字头(单词)。书眉文字的字号必须小于正文字号,字体则不限。

为使书眉和正文隔开,一般在书眉的下方排一根细线,即书眉线。书眉线可以是正线,也可以是虚线。书眉线一般是版心宽度的2/3左右。如果把页码和书眉安排在一起,书眉线可以和版心等长。

书眉一般占一行。横排书通常将书眉排在天头处,也有排在地脚或翻口处的,排在天头的书眉居中、靠翻口或靠订口都可以。竖排书一般排在翻口,文字位置大多为靠天头,适当上空若干字,一般不用书眉线。

如果页码设为书眉内容,其位置一般靠近翻口。只有辞书中的书眉为方便检索而将检索标志置于翻口处,页码位置可以居中或靠订口。

48. 如何进行图书页码的版式设计?

图书页码的版式设计应遵循以下原则:

①横排图书的页码用阿拉伯数字。字号一般小于或等于正文。为便于读者检索,页码位置大多设置在地脚或天头的靠近翻口处,也可以直接设置在翻口的中部。大开本图书,页码可以设置在地脚或天头的居中位置。对于按照字母顺序编排词条的外文辞典和按照四角号码法编排词条的汉语词典,页码可以设置在地脚或天头的靠近订口处。

②竖排图书的页码一般用汉字数字。页码排在版心之外的翻口上,根据中缝是否有文字,居中或居上或居下排。字号一般略小于正文,字体按和正文相和谐的标准选择。需要特别注意的是汉字数字不能横卧,数字垂直排列或水平排列均可。

③页码无论设计为靠翻口处还是订口处,各个数离版口的距离应全书前后一致,不应因为位数不同而有差异。也就是说,不同位数的页码不能呈塔形,应呈阶梯形。

④页码两边可以加装饰点或装饰线,两边装饰点或装饰线之间的距离要以位数最多的页码为准,即所有页码所占的宽度全书一致。对页码还可以做其他装饰,如围上或方或圆或椭圆的线框,加网线底纹框,设为阴字(黑底白字),等等。

49. 如何进行图书目录的版式设计?

目录的版式设计一般不同于正文,而是作为一个相对独立的部分单独设计。目录的版式设计应根据图书的性质和种类,体现各自不同的风格。目录页的版心大小宜等于或稍小于正文版心。

目录应另页起排,其页码应单独成序列,与正文页码的排式可以相同,也可以不同。

图书目录的标题即"目录"两字，其版式可以与全书的一级标题的版式一致，也可以单独设计，多居中排或居左排，也可以居右排，字间加两个字距。

目录中所收录的正文标题，按实际需要而定，一般以两级标题为宜，大多不超过三级。特殊情况下，若三级以下每一级标题包含的文字内容较多，可以列到四级甚至五级标题。

目录条目字号的安排一般是第一层级的字号大一些，以下各级逐渐减小。不同层级也可以使用同一字号，而按照"由重到轻"的原则，通过选择不同字体来区分不同的层级。同一层级条目的字体字号必须一致。

目录条目中的著录项目，一般只列出正文的标题及其所在页面的页码，只有文集类图书可能列出作者姓名。在一个条目内部，通常是正文标题文字居左、页码居右，标题与页码之间用细点线相连；也可在标题后接排页码，并用分隔号"/"相隔。不同层级的条目常采用依次前缩的方式排版。一级标题一般顶格排，以下各级每低一级缩进 1～2 字，以此来显示标题的层级。对三级或以下层级的条目，若字数较少且同一层级的条目较多时，可做接排处理，中间用分隔号"/"相隔，同时在标题与对应的页码之间空 1～2 字距。但各层级的排式应保持前后一致。标题过长而需转行的，转行后的标题文字一般与上行齐肩排。如果目录条目较多，但各级条目的字数不太多，并且图书开本也较大时，可考虑将目录排成双栏或多栏形式。目录所收标题对应的页码，必须与正文相应标题所在页码一一对应，且样式必须相同，既可以全部单独用数字，也可以全部在数字外加括号。如果加括号，所有括号大小应一致，且前后括号之间的距离以位数最多的页码为准。

目录应位于前言之后、正文之前，目录中不应包含正文之前的内容标题。目录应单独编排页码，不得与前面的前言和后面的正文页码连续。

50. 如何进行图书前言、序言和后记等的版式设计？

同一本图书中，前言、序言和后记等一般采用相同的版式设计。其用字的字体、字号，可以与正文相同，也可以与正文不同，但字号不得小于正文；版心可以与正文相同，也可以根据内容的多少调整版心的宽度和高度，使前言、序言和后记等的版心区别于正文，产生别具一格的效果。

51. 如何进行图书附录的版式设计？

附录的范围较广，其版式设计应区别于正文。

附录用字的字体可以与正文不同，字号一般应小于正文，但若附录中的文字性质与正文相同，字体字号可与正文相同。某些附录，如索引类的附件，因每个条目文字相对都比较少，可排成双栏或多栏，不仅检索方便，而且版面清晰、节省空间。

52. 如何进行图书参考文献表的版式设计？

参考文献表一般排在全书正文的后面，也有排在各篇、章后面的。列在全书正文后面的参考文献表，应另面起排，并设置标题，标题的排式可以与图书中其他辅文（如前言、序言、后记等）的标题保持一致，而各条目的排式与篇后注或书后注基本相同。列在各篇、章之后的参考文献表，可以设置标题，也可以不设置标题而仅以注线与正文主体文字相隔。各条目的排式与篇后注或书后注基本相同。

参考文献表中各条目的著录项目内容及其标志符号，应严格执行国家标准《信息与文献　参考文献著录规则》（GB/T 7714—2015）的规定。

53. 图书中图片的版式设计包括哪些内容?

图书中图片的版式设计包括图片版面位置的设计、图片排式的设计、图文合成样式的设计，以及图题、图注的版式设计。而图片版面位置的设计又包括串文图、通栏图、跨栏图、超版心图和超版面图 5 种设计形式。

54. 如何进行图书中串文图的版式设计?

串文图是指在图片的一侧排有正文主体文字的图片版面位置设计形式。这一形式中的图片位于版心之内。普通图书中，串文图的宽度应小于版心宽度的2/3;若为辞书、百科全书等工具书，为了节约版面，图片旁只要能排下 4～5 字时，都应采用串文图的形式。

串文图的设计要求如下:

①图与正文文字之间应留不小于1字距的空白。

②所串文字中如果包含公式，应调整图片位置，而把公式排成通栏。

③一个版面上只有一幅图时，图片原则上靠翻口排;一个版面上有两幅图时，图片应对角交叉排，且上下两图之间必须排有两行以上的文字;一个版面上有三幅图时，图片应三角交叉排。

④辞书等工具书，为方便读者查阅，常将全书图片排在相对统一的版面位置，如将图片一律靠翻口或靠版面右侧排。

⑤处于同一视觉范围的双页码和单页码两个页面均有串文图时，应把两个页面作为一个整体，遵循匀称、协调、具有艺术感等原则对所有图片进行设计。

⑥尽量避免把串文图排在版心的四角。

55. 如何进行图书中通栏图的版式设计?

通栏图是图片两侧不串排文字的图片版面位置设计形式。这一形式中的图片也位于版心之内。图片宽度超过版心宽度2/3的普通图书,及要求版面有较大空白的少儿读物,都应采用通栏图的形式。

通栏图的设计要求如下:

①尽量不要把图插在一段文字中间,以免文字被中途切断而影响阅读。

②图片最好排在版面居中偏上一些的位置,版面较为美观。

③图片应避免排在靠近版首或版末的位置,其上下应该至少各有两行文字,保持版心四边整齐。

56. 如何进行图书中跨栏图的版式设计?

跨栏图是在双栏或多栏的分栏版面中图片位置超出一栏,但又不横贯版心的图片版面位置设计形式。这一形式中的图片也要排在版心之内。与通栏图不同的是,跨栏图不横贯整个版心,而在图片的一侧串排有正文主体文字。跨栏图在版面中的位置和图片一侧串排文字的版式与通栏图和串文图相同。

57. 如何进行图书中超版心图的版式设计?

超版心图是指图片边沿超出版心但在版面之内的图片版面位置设计形式。

超版心图的设计要求如下:

①只有在美化版面或图片规格太大的情况下才采用这一设计形式。

②超版心图应尽量不要占用书眉或页码的位置。

③图片边沿距离切口的尺寸应不小于5毫米,避免裁切图书时切到图片。

58. 如何进行图书中超版面图的版式设计?

超版面图又称“出血图”,是指图片的一边或几边超出成品图书版面,在图书裁切成型时图片会被切去一部分的图片版面位置设计形式。

超版面图的设计要求如下:

①超版面图的设计主要是为了美化版面,提高读者的阅读兴趣,主要用在画册和少儿读物等图书中。

②被切去的部分应是图片的次要部分。

③图片超出切口边缘的尺寸一般为 3 毫米。

59. 如何进行图书中图片排式的设计?

对常规开本即版心高度大于版心宽度的图书,图书中图片的基本排式有竖排图和卧排图两种。竖排图又有和合图和插页图两个特例。

图片的宽度小于版心宽度、高度不大于版心高度时,采用竖排图的排式。图书中的图片广泛采用这一排式。

图片的宽度大于版心宽度、高度不大于版心宽度时,采用卧排图的排式,即把图片逆时针旋转 90°排在版面上。

图片的宽度大于版心宽度、高度大于版心宽度但小于版心高度时,采用和合图的排式,即把图片排在由双页码面、单页码面两个页面拼合成的一个大版面(即“和合面”)上。采用这一排式时,应考虑折页时双页码面和单页码面的纵向尺寸误差对图片整体性的影响,而在骑缝处避开图的主要形象或信息比较密集的部分。和合图多见于图文类图书和大型画册。

当图片用和合面排式也排不下,即图片的宽度大于两倍版心宽度或高度大于版心高度时,图片应采用插页图的排式。

和合图在成书后可能会破坏图片的整体效果，插页图在图书装订时会增加手工的工作量，影响图书的生产周期，因此，这两种排式不要随便使用。

60. 如何进行图书中图文合成样式的设计？

图文合成样式是指图片与相应文字在版面上编排、组合的形式。图文合成样式主要有文主图辅样式、图文并重样式、图主文辅样式三种：

①文主图辅样式：这种样式是以文为主，图起辅助作用。科技类的教材和学术著作基本采用这种样式。这种样式中的图俗称插图。插图一般要进行编号，并在相应的文字处标注插图编号，与插图呼应。为便于阅读，每一幅插图须遵循“图随文走”“文先图后”的规则，即插图应出现在主体文字中第一次提到它的文字段后面，而不宜先见插图后见文字，或把插图远移到后续的主体文字中。如果主体文字中提及插图的所在页面剩下的版面不大，已放不下插图时，可以把插图后移。有时为了使前后相邻的插图放在一起以加强对比效果，也可以把后面的插图提前编排，但这样的提前程度是有限制的，除了须保持图号的顺序外，还要注意前移后的插图位置应尽量控制在同一个章节，而且与提及的主体文字在同一个视野中，即原该在双页码面上的插图后移到下页，或原该在双页码面上的插图前移到上页。

②图文并重样式：这种样式是文字和图具有同等重要的地位。知识普及读物、休闲读物、幼儿读物、连环画等图书一般都采用这种样式。这种样式要求图和文须在同一版面上。文字的字号一般不宜过小。

③图主文辅样式：这种样式是以图为主，文字起辅助作用。配有图片说明文字的画册和图书中的图片插页一般采用这种样

式。这种样式中的图是主体，文字只是对图的说明。文字的字号可以设计得小一些。

61. 图书中图题和图注由哪些部分组成？

从正文叙述的方便出发，特别是以文字为主的科技类教材和学术著作，为了形象、直观地表达科学思想和技术知识，对书中的图片一般要加上图题和图注。

①图题的结构：图题包括图序和图名两个部分。非科技类图书中的图题有的只有图序而没有图名。图序是按照图片在文中出现的先后进行编排的顺序号。非科技类图书，图序一般是全书连续编号。而科技类图书，应根据全书插图的多少，可以全书连续编号，也可以按章甚至按节进行编号。按章或按节编号时，章号与顺序号之间，章号与节号、节号与顺序号之间，用半字线或下圆点分隔，如“图 2-3”“图 3-4-1”“图 10.5”“图 4.2.7”。图名是图片的名称。图名要求简洁明确，但不得为了追求形式上的简洁而使用“设备图”“框图”等过于泛指的图名，应具有较好的说明性和专指性。

②图注的结构：图注是对图片中各个构成部分的文字说明，由注码和注文构成。注码应与图片中附加的指引性注码一一对应。当图片由多个小图组成时，可用图注分别说明每个小图的名称和内容。

62. 如何进行图书中图题、图注的用字设计？

图题一般用比正文小的字号，如小五号，字体常用黑体或楷体。全书的图题用字应前后一致。

图注的字号要比图题更小。字体不受限制，以版面美观、清晰为宜。

63. 如何进行图书中图题、图注的位置设计?

图题和图注位于图片的正下方。图注一般置于图片与图题之间。

插图(包括图题、图注)与上下正文主体文字之间、图题与图片之间、图题与图注之间的空距,应力求美观。整个插图与上下正文主体文字之间的空距,一般应等于或小于主体文字的行高,但要大于其行距;图题与图片的空距,一般大致等于正文主体文字行距;图题与图注之间的空距,一般稍小于正文主体文字行距。

如图题或图注过长而必须转行时,图题的行距为图题字高的 1/2,图注的行距为图注字高的 1/2。

64. 如何进行图书中图题、图注的排式设计?

①图题的排式设计:在以文为主的科技类图书中,图题一般居中排;图文并重或以图为主的图书,图题有的在图下靠一边排,有的在图侧竖排。图序与图名之间应加一字空。图题的长度一般不应超过图的宽度。图题如果较长而必须转行时,应从意义相对完整的停顿处转行,第二行的题文可采用齐肩排或居中排。上下两行的字数长短要较均匀,不宜相差过多,最好是第二行略短于第一行。

②图注的排式设计:图注一般居中排。图注的长度一般也不应超过图的宽度。图注如果较长而必须转行时,应按照图题的转行规则转行。图注用的注码应与插图中所用的注码相同。注码与注文间应用一字线连接,或加 1/2 字空。图注文字若较短时可采用分栏排,这时,每栏的注码必须对齐,每个注文后可不加标点符号。如图注接排,每一个图注后排分号,最后一个图

注后不排标点符号；或每一个图注后不用标点符号，而加一字空。

65. 图书中的表格分哪几种形式？如何选择？

图书中的表格，按形态样式可分为全线表、省线表、无线表和挂线表四种形式。

全线表是表格外框有表框线、表项之间有栏线和行线的表格。表框线用反线，行线和栏线用正线。全线表是表格的最基本形态。采用全线表，各单元格中的数据被分割得很清楚，隶属关系一一对应，读起来不易串行，版面显得比较紧凑，但容易产生“密不透风”甚至“沉闷”的感觉。

省线表是省略一部分线条的表格。一般是省略左右两边的墙线；栏线和表头以外的行线，在不影响表格内各项之间关系的准确表达的情况下，也可以省略。科技类图书一般选用省线表。

无线表是既没有表框线，也没有行线和栏线的表格。当表格中的项目和数据比较少，内容也比较简洁时，可选用无线表。注意无线表不要造成表格内各个项目之间的对应关系不清晰。

挂线表也没有框线、行线和栏线，而是将具有隶属关系的各项目的相互关系通过线条挂连起来。挂线表大多采用插图的形式表示。

66. 图书中的表格由哪几部分构成？

一个完整的表格由表题、表头、表身和表注四个部分构成。

67. 如何进行图书表格中表题的排式设计？

表题一般由表序和表名两部分组成，不过有时也可只有其中之一，即只有表序或表名。表序表示表格在全书或当前章节中的次序，是按表格在文中出现的先后顺序，用阿拉伯数字进行连续编排的序号。和图序一样，表序可以全书连续编号，也可以按章甚至按节进行编号。按章或按节编号时，章号与顺序号之间，章号与节号、节号与顺序号之间，用半字线或下圆点分隔，如“表 2-3”“表 10.5”“表 3-4-1”“表 4.2.7”。表名是表格的名称，揭示表格的主要内容。表名要求简洁明确，但不得使用“数据表”“参量变化表”等泛指的表名，应具有较好的说明性和专指性。

表题一般用比正文小、比表内文字大的字号，常用小五号；字体不受限制，多用黑体字。全书的表题用字须前后一致。

表题必须排在表的上面。完整表题有整体居中排；整体居左排；表名居中排，表序齐左或距左墙线两字排等三种排式。表题整体居中和整体居左排时，表序与表名之间须加一字空。只有表名的表题，一般左右居中排；只有表序的表题，可以距左墙线两字排，也可以左右居中排。若表题较长而必须转行，应从意义相对完整的停顿处转行，第二行的题文可采用齐肩排或居中排。

68. 如何进行图书表格中表头的排式设计？

表头一般由项目栏头、数据栏头和备注栏头三部分组成，并有单层和多层之分。表头的排式设计包括表头的高度设计和表头中各单元格内文字的排式设计。表头的高度（包括单层表头和多层表头的高度）应大于或等于表身中表行的高度。表头中单元格内的文字应排均匀。字数少的单元格内的文字，可以通过字间加空调整字距；表头中文字若需转行，各行的文字字数要基本相等，或最后一行的文字少于上面各行；表头栏过窄时，文字可改为竖排，字数不同时要尽量排得上下均衡；表头中单元格内的文字一般设计为上下左右居中。

69. 如何进行图书表格中表身的排式设计?

表身为表格的主体,由一系列单元格组成。表身的排式设计包括项目栏的排式设计,栏宽和行高的设计,表身中各单元格的排式设计。

表身中最左边项目栏的排式设计与表头相似。若各行文字有多有少,要把字少的行通过加空增加字距,尽量使各行两端对齐;若字数太多而需要转行,按表头的转行规则转行。

表身的栏宽应根据表头和表身内文字的多少与版心尺寸大小而定。

表身的行高应根据各行文字是否需要转行而定,不一定每行行高完全相同。

表身中各单元格内如果是文字,则可居中排,也可左齐排,如果是数值,则同一栏中各单元格内的数值应个位对齐或小数点对齐排;表格内的数字一般不带单位,百分数也不带百分号(%),而将单位符号和百分号归并在表头的栏目中;上下左右相邻单元格中的文字或数字相同时,不得用“同上”“同左”等字样;单元格中如果没有内容,要分情况处理,不能简单标注为“0”或“—”。

70. 如何进行图书表格中表注的排式设计?

表注是对表格中有关内容做补充说明的文字。表注一般排在表格底线的下方,也有的排在表格最后一行的备注栏。注文前应用“附注:”或“注:”或“说明:”等字符作为标题;若注文多于一项,各项前一般加上用阿拉伯数字表示的序号;对表中某项的注解、说明,一般用互相对应的圈码等作为标志,排式与脚注相同;表注的宽度应不大于表身的宽度;注文所用的字号应等于或小于表格中文字的字号。

71. 如何进行图书中一般表格的位置设计?

和图片的位置设计一样,图书中表格位置的设计原则是"表随文走""文先表后",即表格应出现在主体文字中第一次提到它的文字段后面。如果主体文字中提及表的所在页面剩下的版面不大,已放不下表格时,可以把表格顺序后移到下一页面,但后移的表格的位置应尽量控制在同一个章节内。

72. 如何进行图书中一般表格的排式设计?

对常规开本即版心高度大于版心宽度的图书,表格的基本排式有竖排表和卧排表两种。当表格的宽度小于版心宽度、高度不大于版心高度时,采用竖排表的排式。图书中的表格广泛采用这一排式。竖排表适用于横向表项相对较少、纵向表项相对较多的表格。当表格的宽度大于版心宽度、高度不大于版心宽度时,采用卧排表的排式,即把表格逆时针旋转 90°排在版面上。卧排表适用于横向表项相对较多、纵向表项相对较少的表格。

73. 图书中的特殊表格包括哪些类型?

相对于一般表格而言,对于因尺寸较大或内容较多而在相对独立的某个区域内(一栏内或者一个版面内)难以容纳的表格,俗称特殊表格,主要包括跨栏表、和合表、续表、折栏表、叠栏表、插页表等。对特殊表格需要进行专门的设计处理。

74. 如何进行图书中跨栏表的排式设计?

跨栏表是在双栏或多栏的分栏版面中表格版面的位置设计形式。

在分栏版面中，表格一般应该排在一栏中。如果表格比较宽而难以在一栏内安排，则应采用跨栏表的形式。跨栏表的排式设计与跨栏图类似。如果表格的宽度与版心宽度相差无几，那么跨栏表就成为通栏表。

75. 如何进行图书中和合表的排式设计？

如果表格很宽而在一个页面上排不下时，可采用和合表的排式。

和合表也称“跨版表”，其排式与和合图类似，即排在由双页码面、单页码面两个页面拼合成的一个大版面（即“和合面”）上。和合表适用于无论采用竖排还是卧排都难以安排在一个页面上的表格。

需要注意的是，对于纵向表项较多的表格，如果能够利用排“续表”的方法安排在两个或更多页面中，应尽量少用和合表的形式，因为和合表排版不方便，图书装订时，很容易造成两个页面上的相关项目错位。

76. 如何进行图书中续表的排式设计？

对于纵向表项特别多且宽度又超过版心宽 1/2，而在一个页面中排不下的表格，可以设计成续表形式，即由后面页面的表格接续前一个页面上的表格内容。

续表可以占用一个页面的部分区域或整个页面，甚至可以连续依次占用数个页面。

续表一般重复排表头，但不加表题，而是在表头上方标上“续表”字样。“续表”两字可居中排，也可靠翻口或订口顶格或缩两个字排。

77. 如何进行图书中折栏表的排式设计？

若表格纵向表项多、横向表项少，每栏里的文字又不多，表格呈竖长横窄状，可以将表格拦腰拆开，排成两栏或多栏，即排成折栏表。

排折栏表时，每一折栏必须加排表头，折栏之间排双线，所有折栏的顶线和底线通线排。各折栏的栏宽要相等，每一折栏的行数应基本一致。如果表格内容不能恰好占满各栏全部表行时，可在最末一折栏里留下空表行。

78. 如何进行图书中叠栏表的排式设计？

与折栏表相反，若表格纵向表项少、横向表项多，表的高度远比版心的高度小，表格呈横宽竖短状，且表的宽度大于版心的高度，则可把表格沿中部拆开，分成两段，上下叠排，排成叠栏表。

排叠栏表时，下段表应重复排原表格最左边的项目栏。上下两段表格的高度要相等。上下两段表格间用通长的双线隔开。

79. 如何进行图书中插页表的排式设计？

对于有些面积特别大，宽度和高度远远超出版心的表格，即使用卧排表、和合表或续表的形式都无法排，也不能排成折栏表和叠栏表，则应考虑排插页表的形式。

排插页表时，要尽量减少折叠次数；只要表格的纵向或横向可以小于或等于图书开本的，就应该尽量把表格设计成只向一个方向折叠的形式，并且最好是沿翻口向订口折；插页表的页码应编为空码。

需要特别注意的是，除了插页表，其他形式的所有表格，都应排在图书的版心之内。

五、图书校对

1. 什么是图书校对？

校对是图书付印之前，在校样上或样本上所进行的校读核对、改正差错的工作。

校对运用校对技术和校对方法，以原稿（加工定稿后的编辑发排文本）为依据，改正校样（依据原稿排版打印出来的样张）中一切与原稿不符的地方；同时，对原稿内在的矛盾进行是非判断，发现并改正错漏。从事校对工作的人员，也被称为校对。

2. 校对的主要功能是什么？

①校异同。这是指以原稿为依据，以校样来核对原稿，分辨两者的异同：同则通过，异则以原稿为准对校样进行改正。其功能是：保证原稿不错、不漏地转换成印刷文本。这是传统校对的基本功能。

②校是非。这是指凭借校对人员储备的知识或其他权威的信息、资料来判断原稿中的是非，确认其“是”就通过，确认其“非”就提出疑问，请编辑核实后处理。其功能是：弥补编辑工作的疏漏，使书稿更加完善。由于书稿电子化，目前校是非已上升为校对的主要功能。

3. 专业校对员应具备哪些素质？

①熟悉现代汉语通用文字，掌握现代汉字使用规范，能够敏锐地辨识错别字、繁体字、异体字并加以改正。

②掌握汉语拼音规则、汉语语法规则以及数字、标点、量和

单位用法的国家标准，并加以运用，解决书稿相关问题。

③掌握图书版面格式知识，对版面格式错误有较强的识别和处理能力。

④了解学术出版规范，熟练地掌握利用工具书和计算机网络检索资料的方法，能够快捷地查难解疑。

⑤熟练地掌握各种校对方法和校对技术，进行书稿校对和文字技术处理。

⑥具备比较丰富的知识积累，能够发现并改正违反语法规则和逻辑规则的错误及事实性、知识性、政治性错误。

⑦具备良好的心理素质，耐得住寂寞，情绪稳定，注意力集中，能自我调整心理状态，克服心理障碍。

4. 什么是责任校对制度和“三校一读”制度？

(1)责任校对制度

根据《图书质量保障体系》第十一条的规定，出版社每出一种书，都要指定一名具有专业技术职称的专职校对人员为责任校对，负责校样的文字技术整理工作，监督检查各校次的质量，并负责付印样的通读工作。该规定的重点在于：一是责任校对必须由具有专业技术职务的专职校对人员担任；二是责任校对应当参与本稿件校对工作，重点是承担稿件的文字技术整理任务；三是责任校对承担各校次的质量监督检查工作，并负责付印样的通读工作。根据出版专业职业资格制度的相关规定，责任校对应该具备中级或以上的出版专业职业资格。

(2)“三校一读”制度

“三校”，即三个校次，通常的程序是：一校—退改，二校—退改，三校—退改。三校必须由本社具有中级或以上专业技术职称的专职校对人员担任。“一读”，即三校改版后的通读检查。“三校一读”实质上是四个校次，这是《图书质量保障体系》规定的必须坚持的最低限度的校次。事实上，有些图书对校对质量要求更高，校对难度更大，还应相应增加校次。“三校一读”除三个校次和通读检查外，同时还要进行一校、二校后的核红和文字技术整理，作者、编辑校后的“对红”，以及终校后的全面文字技术整理。

5. 责任校对和一般校对人员的职责有何区别？

书稿发排后，需要确定责任校对。与一般校对人员不同的是，责任校对需由具备中级或以上出版专业职业资格的专职校对人员担任，并对书稿的校对质量承担主要责任。责任校对的职责有：了解书稿的出版日期，确定本书校对周期，安排本书校对进程；检查校改质量，进行文字技术整理；承担终校或付印样的通读检查，协助责任编辑解决校对质疑。

6. 哪些书稿可以实行连校？哪些情况可以增加校次？

(1)书稿连校

连校即三次校对并不一定要改三次版，有时可以对一份差错不多的校样连续两次或三次校对，这样可以减少改版次数，缩短出书周期。如再版书，或者编辑加工精细、留错较少的书稿，可以实行一二连校或二三连校，或一二连校，三校接着通读检查。实行哪种程序，要根据书稿的实际情况和出版校对周期的要求确定，其前提条件是确保校对质量。

(2)增加校次的情况

为了保证校对的质量，《图书校对工作基本规程》还提出，凡遇到如下情况之一的校样，校对者有权提出增加1～2个校次：

①初校样的差错率超过 15/10000 的；②编辑发排的书稿没有齐、清、定，而在校样上修改的页码超过 1/3 的；③终校样的差错超过 3/10000 的。另外，有些图书如经典著作、政策法规、辞书、教科书和教辅读物、古籍、学术著作，对校对质量要求更高，校对难度更大，还应相应增加校次。增加校次的决定权属于专业校对机构。

7. 校对有哪些基本的方法？

校对的基本方法有四种：对校法、本校法、他校法、理校法。

①对校法：主要是将原稿与依据原稿录排打印的校样比照“校异同”，若发现校样上与原稿不符的“异”，原则上依据原稿改正校样。

②本校法：是一种用本书校本书的校勘方法，集中注意力辨别校样上文字的形态，理解文句的含义，通过比较、前后互证，进行是非判断来发现错误。现代校对的通读检查采用的便是本校法。

③他校法：是运用权威的工具书、著作以及国家法定的标准或规范，以其作为判断是非、改正错误的可靠依据，从而达到校对目的。

④理校法：理，即推理，“理校法”即运用自己的知识储备和判断能力，进行分析、推理，从而做出是非判断的校对方法。

四种校对方法，必须综合运用。在存在原稿与校样两个客体的情况下，必须首先运用对校法，将校样与原稿对照。电子书稿校对，一校时要将版式转换后的校样与编辑加工过的原稿对校，防范版式转换过程中可能发生的内容丢失和错乱，以及编辑修改部分文字的漏改和错改。之后再运用本校法，发现并改正原稿可能存在的错漏。运用本校法发现了“前后互证”解决不了的问题，则要运用他校法，从相关工具书和权威著作中寻找改错的依据。当无据可查或数本互异时，则可运用理校法进行推理判断。

8. 校对有哪些基本操作工序？校对和通读的职责分别是什么？

（1）校对的基本操作工序

校对工作的基本操作工序包括一校、二校、三校、通读、誊样、核红、文字技术整理、对片等各环节。

（2）校对的主要职责

①校正校样与原稿不符的文字、标点符号、图片、表格、版式等差错。

②核对校样页码的顺序，书眉与正文、注文和注码的对应，注码、图表的顺序，图表与正文的衔接。

③解决版面格式和文字、图表等的统行、统版、缩面工作。

④解决简、繁、异体和数码等用字的统一与规范使用问题。

⑤妥善保管原稿，不得涂改、损坏和丢失。在校样上书写必须字迹端正，引线清楚，符号明确。

（3）通读的主要职责

①逐字逐句认真校读，仔细推敲模棱两可的字词句。

②尽可能查阅资料，校核引文，确保无误。

③核实正文、附件是否齐全，检查全书的图、表、公式等是否符合要求。

④通过查阅资料核实书稿中的专业知识、事实表述的正误。

⑤检查全书体例是否统一。

9. 什么是对片？校对人员如何做好对片工作？

对片即将按照付印清样输出的胶片，与付印清样进行核对，防止在出片过程中由于机器原因或操作人员失误而出现差错。

对片时要将胶片压在清样上面，通过缓慢移动胶片，使胶片上的字符图表与清样完全重合；如果出现不重合，则要将胶片与清样对校，找到不能重合的原因，进而改正错漏。

采用CTP制版印刷的图书，则需编辑和校对人员根据打样进行付印前的检查。

10. 校对人员应如何"核红"？

核红，即核对上一个校次纠错的字符是否改正，检查有无错改并改正其未改之处。核红是一项细致的技术性工作，必须按照技术要领操作。核红的技术要领是：

第一步，核对上一个校次改动的字符。

第二步，如果发现应改而未改的字符，除了重新改正外，还要检查该字符上下左右相邻字符有无错改，以防邻行邻位错改。

第三步，正文标题在校对过程中如有改动，则要在核红时以改后的正文标题为依据，核对目录和书眉。

第四步，比对红样（上校次校改样）与校样（改后打印样）四周字符有无胀缩，如有胀缩，则要对相关行及其上下行逐字逐符细查，找出胀缩原因，改正可能存在的差错。

如果文字增删导致转行转面，要特别注意：是否因增行、缩行导致邻行文字错乱；排有着重点的文字，要核对着重点的位置，以防着重点错位；正文注码、脚注注码是否因转面而需进行调整；是否因文字增删导致转面从而破坏文图、文表的衔接。

11. 图书校对如何做“誊样”工作？

“誊样”又称“过红”“过录”“誊录”“并样”，是在结束某次校样的校对之前，将几份校样上确认需做的改动誊抄合并至一份校样上的工作，一般是把副样（作者、编辑看的校样）上所做的改动誊录到正样（校对人员看的校样）上。

为了避免错误，对誊过的文字必须仔细过目，潦草模糊的文句，切不可依样画葫芦，应该想一想这些句子通不通，上下句是否能连接起来。

为了防止誊样出错，最好一人誊写，再由另一人核对。遇到编辑、作者样改动较多，可将另一份校样上校出的错字誊到编辑、作者样上去，以节省时间，避免誊写时出错。为了防止誊样出错，必须按行序进行，自左而右、自上而下逐行誊写、改正，以保证次序分明，不致遗漏。

誊样时，校对人员还必须把缩行、伸行或串版的工作做好，也可以请编辑处理，以减少改版次数。

为了保持校样的整齐清洁，校对人员必须使用标准校对符号和规定的笔色，以便分清作者或编辑的修改，避免混淆不清，并方便发生问题时查考。

12. 校对最常见的操作模式有哪几种？

因各校工序组合方式的不同，校对的操作模式多种多样，最常见的有基本模式、分校模式、连校模式三种。

（1）基本模式

一校→改版→核红＋二校＋誊样→改版→核红＋三校＋文字技术整理→改版→核红＋通读＋文字技术整理→改版→付印清样核红→付印。

基本模式流程环节最多，尤其是改版次数多，对于保证图书编校质量效果最好。但是，由于其环节多，所以出版周期较长，成本也较大。

(2)分校模式

一校＋二校＋誊样＋文字技术整理→改版→核红＋三校＋通读＋文字技术整理→改版→付印清样核红→付印。

分校模式是出版单位目前采用较多的校对操作模式，其流程环节较少，可以缩短出版周期，并且由于三校是在校样已经改过一次版的基础上进行的，需要改动的地方相应减少，付印样的改动也随之减少，有利于保证付印清样的质量，从而保证图书编校质量。

(3)连校模式

一校＋二校＋三校＋誊样＋文字技术整理→改版→核红＋通读＋文字技术整理→改版→付印清样核红→付印。

连校模式的流程环节最少，出版周期相应缩短。但是，由于对初校样连续进行三个校次的校对，校样上需改动的地方相对较多，改版时稍有疏忽就会漏改，付印样改版也随之会有较多改动，对于保证图书编校质量不利。

13. 如何对校对进行量化管理？

校对量化管理是保证图书质量和生产运行的常用管理措施，包括任务量化管理和质量量化管理两个方面。

校对任务量化管理，又称定额管理，即以字数为单位对校对工作量进行定额管理。每人一个工作日应当完成的校对字数为日定额；每人一个月的工作日内应当完成的校对字数为月定额；当月实际完成的校对字数与月定额之差，即为当月的超额或缺额。不同类型的书稿,计算校对工作量要有所区别。校对工作是脑体并用的智力劳动,需合理确定工作量定额,确保校对质量。

校对质量量化管理是将校对质量进行量化,即针对不同校次规定“灭错率”或遗留差错率。书稿经过三校,遗留差错率不超过万分之一的为合格。每一种图书均以校对记录表记载各校次发现的差错,待图书付印后,即可计算出各校次的灭错率和遗留差错率。

实施校对量化管理,既要计算校对人员完成的校对工作量,又要考核其校对质量。如果校对质量没有达到规定的量化标准,应予以惩罚;如果校对质量长期好于规定的标准,则应给予奖励;还可视发现的差错的性质对校对人员给予奖励。

14. 如何对社外校对进行管理?

社外校对(简称“外校”)是指出版单位约请社外人员帮助进行校对工作。

外校人员是在社内专职校对人员不足的情况下,适当补充的校对力量。一般只承担一校、二校的任务。对外校力量进行有效的管理,既可以保证校对力量,又可以提高校对质量。对社外校对的管理,主要从以下几个方面进行:

①根据本出版单位业务范围的需要,建立专业合适、素质较高、相对稳定的外校队伍。

②对外校人员进行岗前培训,培养他们的校对业务能力和工作责任心,经考核符合要求的方可安排校对任务。

③指导并要求外校人员正确使用工具书。

④实行收发原稿与校样登记管理制度,明确责任。

⑤安排高水平的专职校对人员检查、监督外校质量，建立外校人员工作质量档案；检查中发现质量问题，要及时指出，并给予指导，让外校人员从实践中提高校对业务水平。

⑥实行计件付酬和质量量化考核相结合的管理制度，按照外校人员在某一阶段完成工作的质量情况，定期评定等级，按质论价。定期就外校人员工作中存在的共性问题组织培训，交流工作经验。对工作质量好的外校人员给予精神和物质奖励，对校对质量不能达标的外校人员要及时淘汰。

⑦及时发放校对费，激发外校人员的主动性和创造性。

15. 责任校对如何做文字技术整理工作？

文字技术整理指由责任校对负责对校样的体例、格式方面进行整理与规范。

(1)核对相关文字

①核对主要标志文字，即书名、作者名及著作方式、出版单位名称、出版时间、版次等相关项目，检查封面、扉页和版本记录页相关信息是否一致。

②核对目录，即根据正文核对目录(或要目)条目，要保证标题层次得当，与正文标题文字表述完全一致，与正文页码一一对应。

③核对书眉，要保证书眉文字与目录、正文、标题文字一致。

④检查序号，即插图、表格、公式、附录等的编号形式是否恰当，同一类型编号格式是否一致，是否连续、无重复、无缺漏。检查采用顺序编码制的参考文献编号是否连续无跳跃。

⑤检查呼应内容，即插图、表格、公式内容应与正文文字叙述正确呼应，文中引用参考文献应与参考文献表一一对应，其他

相关联的内容应保持一致。

（2）检查版面格式

①检查标题体系，逐一检查正文全部标题，使同级标题的序号连续、版式保持一致，并符合版式设计要求。标题的占行、位置、字体、字号等应符合版式设计要求，应注意转行时不能割裂词义，特别注意虚词不能转为下一行的第一个字。对于由主标题与副标题构成的多行标题，要注意主标题与副标题既要在字号、字体等方面有所区别，又要整体协调。采用花边装饰标题，应注意花边图形是否一致。

②检查图文格式和位置，应该按照发稿单和版式设计要求，检查校样上正文主体文字、标题、引文、注文的字体字号等，检查页码与书眉在版面上的位置和格式。引用参考文献时，引用标注和著录格式均应规范。

③检查图片、表格、公式、化学结构式等在版心中的位置，对其周边多余空白要进行技术处理；复杂公式转行应合理。

④检查引文、注文的格式是否一致，注文（包括脚注）的顺序是否与正文中的注码相对应，脚注的注文与所注正文是否在同一页面上。

⑤通观全部校样，检查版面，如有标题位于末行（即“背题”）或单行成面的现象，或出现不恰当的转行、换段现象，要进行适当处理；对超出版心、掩盖了页码的插图和表格，要在校样上注明暗码第几页；通常篇章页或辑封要放在单页码面上，如背面需空白，应注明“背白”。

16. 如何对校对工作进行规范化操作？

①校前准备：书稿发排后，指定专业接近、对校对业务较熟

练的校对员为责任校对。校对室人员应了解送审、出书时间的要求，以便组织力量，确定校对工序。校样排出后，责任校对先查对校样，检查全书各级标题用字、正文（包括引文）用字、页码、版心、格式、图、表等是否与版式设计单相符。责任校对应了解书稿内容，初步提出校对时应注意的地方。

②一校、二校、三校或二校、三校连校毕，协同编辑解决校对时发现的原稿疑问，由责任校对（一般是三校者）过录编辑、作者校样，退排版公司改样。

③改样后，要复核改动处是否改正，一般复核需要两人次，责任校对任第二复次。

④通读。先核红，然后通读。读毕连同原稿疑问记录表、工作记录表交责任编辑，会同责任编辑解决原稿或编辑、作者校样中遗留的问题。

⑤责任校对、责任编辑签字付印，一些重点图书、大型图书最后要由总编辑签字付印。责任校对将付印清样交调度员转出版部门，付印副样连同原稿交校对室归档。

⑥付印后如发现错误，须及时请编辑处理。重点图书出版后须做成品检查。

⑦校后小结。全书校读完毕签字付印后，由责任校对收集各批校样、原稿疑问记录表、工作记录表等，做简略的分析汇总，并对全书校对过程中执行情况提出评价、看法和建议。总结要突出重点，不必面面俱到。对排校过程中存在的问题加以归纳，供有关部门进行研讨。做好校后小结是考核和提高校对人员业务水平的一个重要方面，也是专业培训、业务交流中最生动的活资料。

17. 如何做好校对阅读？

①猎错查漏“一字不略过”。校对阅读的目的是猎错查漏，对校样和原稿做改错补漏的工作。校对阅读是“同”中猎“异”、“是”中搜“非”，搜捕隐藏在字里行间个体字符的错漏和局部错误。因而必须以字词、符号、公式等为阅读单位，做到“一字不略过”，以字词为阅读单位，仔细地辨形析义。

②将字符群分解细化为“注意元”。校对阅读必须把字、词、词组、公式、数码组、标点符号等作为阅读单位，逐字逐符地阅读。校对的这种阅读方式被称为“点性阅读”，其特征是“切割式”，即将句子切割成字、词、词组、公式、数码组、标点符号。这种阅读方式符合校对活动的客观规律。在校对客体中，以具有各维度特征的基本字符为单元，组合成字符群，如词、词组、公式、音乐曲谱、数码组等，各种字符群又进一步组成句群。如果字符群与字符群之间的各维度特征（组合特征、结构特征、形貌特征）相近、相似，就容易导致校对失检。所以，校对阅读时，要将字符群分解细化为“注意元”。如下表所示：

表3　字符群分解因素细化表

字符群类	一级元	二级元	三级元
汉语字符群（构成词语）	单字	偏旁部首	—
外语字符群（构成单词）	字母组	单个字母	—
数学字符群（构成公式）	单项	单个因素	位置角标

③心静如水，专心致志。校对阅读是运用已有的知识和经验进行是非正误判断。校对的这种“切割式”阅读，必须缓慢而匀速地推进，只有这样，才能做到一字一符不略过。在进行校对阅读时，必须有“心静如水”的心态，不急不躁，从容不迫；专心致

志，不心猿意马。

18. 如何"校异同"？如何"校是非"？校异同与校是非是为了消除哪些环节出现的错误？

校异同，是将校样与原稿进行逐字逐句的比照，查找两者的异同，进而发现并改正录排错漏，保证原稿不错不漏地转换成印刷文本。

校是非，就是指校对者凭借自身储备的知识或其他权威资料来判断原稿中的是非。校是非主要注意：第一，发现并改正常见错别字；第二，发现并改正违反国家规范、标准的语言文字、标点符号、数字、量和单位等方面的错误；第三，发现并改正违反语法规则和逻辑规律的错误；第四，发现并改正事实性、知识性和政治性错误；第五，做好版面格式规范统一的工作。

校异同与校是非主要是为了消除以下几个环节的错误：第一，作者写稿环节中的写作差错和电脑录入错误引起的文字错误，甚至是政治性错误。第二，编辑改稿过程中产生的错误。第三，拼版过程中的漏改、错改与"掉尾巴"、图文不符等错误。第四，付印前的改动所引起的错误。

19. 如何校对含有大量图表的图书？

(1)以图文配合为主的图书

①图文并重的图书或以图为主的图书，要注意图与文是否紧密配合，是否被分离安排在不同页面上。

②以文为主、以图为辅的图书，要注意其版式设计是否贯彻了"文先图后"的原则。

③以图为主的图书，版面上文字较少，要注意文字有无遗漏、图的位置是否平齐、图的次序有无错误等。

④占版心一半的图，图前文字最好成一段落，如果必须把一段文字截断，要尽可能只将行末有标点的字行截断；占版心一大半的图，图旁可不串正文而排说明文字。

⑤和合图不能拆开，不论竖排还是卧排，都必须排成双页跨单页的形式。竖排的和合图，其图注必须跨面居中排录。

⑥在排版中根据原稿重新绘制的线条图，往往差错较多，需仔细核对图中的线条和文字。

(2)含有大量表格的图书

①检查表线绘制是否正确，检查标题格式、表头排版样式，注意同一栏内上下文字的对齐方式、各栏之间文字的对齐方式。

②对于纵向表项多、横向表项少，呈竖长横窄状，而每栏里的文字又不多的表格，可排成折栏表，即将全表拦腰拆开，回转成两栏或多栏。每一折栏必须加排表头，每两折栏之间必须排双线或反线，而且要连同表头一起通线排，各折栏间互相对应的栏宽应当基本一致。

③对宽度超出版心、栏多行少、横宽竖短的表格可排成叠栏表，即可把表格沿中部拆开，分成两段，上下叠排。转在下段的表，应另加上左边项目栏，并在上下两段的中间用通长的双线隔开。

④对于宽度大大超出版心宽度的表格，如果其横行也较多，可改设和合表。如果排成竖排和合表，其表题要跨两个页面居中排录；如有表注，也应跨面排录。

20. 如何校对封面和扉页？

封面、扉页的校对，有的出版单位由设计部门或美编室进行，有的则是由校对员完成，校对封面必须具备一些相关的常识。

这里所说的封面，实际包括面封、底封和脊封。因为这三者共同构成一本书的封面，印刷时是同时完成的，设计版样时也是同时进行的。

封面同正文密切相关。封面图案、内容跟正文内容为表里关系，封面的尺寸亦和正文篇幅有关。比如正文是几十万字的图书，印张较多，书脊的宽度（即书本的厚度）就大；正文只是一两万字的小册子，只有一两个印张，就没有书脊（用骑马订）。

校对员在校对封面、扉页时应注意：

首先，注意文字内容，包括书名、著译者名、出版者名，如果是丛书，还有丛书名称等。脊封内容，应与面封一致。底封的内容一般是书号和定价两项。要注意面封与扉页上相应的信息要一致；底封的书号、定价要和版权页上的完全相同。有的封面设计包括勒口在内，有的利用勒口排印内容提要或作者简介，校对时都应注意细校。

其次，注意版样的尺寸。封面、扉页上字行间的距离，比如书名和著译者名之间的距离，小了显得局促、大了显得松散，由于设计师的想象与对实物的直观感觉有时并不一致，所以应根据版样的实际情况进行修正。书脊上的天空（书名之上）、地空（出版者名之下）应留得适当，特别是作为丛书或套书之一的，更应保持全套书的统一，以保证陈列在书架上时整齐、悦目，不会给人以参差零乱之感。封面版样大小，应稍大于实际开本大小，以免裁切后露白。

21. 如何校对再版书？

再版书是对原书稿做较大修改后重新排版印制的图书，所以操作时应完全按照生产新品种图书的程序进行。

结合再版书本身的情况，校对再版书应注意：①再版书的校对工作如新书的校对工作一样，需要严格地遵守图书校对工作的基本制度，即坚持责任校对制度与“三校一读”制度；②按照校对工作的基本操作工序，包括一校、二校、三校、通读、誊样、核红、文字技术整理、对片八个工序。

另外，与新书相比，校对再版书要特别注意：①留心是否有内容陈旧、过时的情况；②所述内容的最新研究成果、动态是否体现出来；③相关领域最新的国内外大事、要事是否有所反映等。

22. 校对应关注哪些由计算机系统引起的排版差错类型？

校样中有时会出现不该修改的地方发生了变化，甚至冒出一些奇怪的文字符号的情况。这类差错常常是由计算机系统引起的。

①系统不兼容。用办公自动化的文字处理软件所形成的电子原稿，当用排版软件转换格式后，有时会因两个系统不完全兼容而出现字体、字号、格式变更的错误，特别是不常用的符号更易产生差错。一些复杂的图稿，在不同的计算机上打开，可能出现线条、文字变形甚至乱码、丢失现象。

②简化字、繁体字转换差错。简化字转换为繁体字的情况较为复杂，尤其是一个简化字对应几个繁体字的情况，计算机软件无法做出智能转换，就会导致较多谬误。

③感染病毒导致出错。计算机受到病毒感染后，有时会对排版结果造成各种意想不到的严重后果。如发现这类差错，应认真检查全部校样。

23. 电子化校对方法主要有哪些作用?

①使用电子文本,在电脑上人工校对,替代纸质“三校”过程。电子化校对打破了传统校对模式,在校对之初就使用电子文本,免去了排版打印校样的过程。校对结果只需应用专业的校对软件就可以进行修改。这种校对软件的使用与流行的办公软件 Word 的使用相似,只是需要在任务栏上添加与校对相关的模块。它的工作界面将电脑屏幕一分为二,一半显示原稿,一半显示校样。校对时可以方便地校异同,在文本中直接修改,并且修改好的成品会直接在电脑上显示,“所见即所得”。每校完毕,将新生成的文本存储在内部的网络系统中即可。到了下一个校次,校对人员只需从系统中提取文件进行校对,完全省略了照排修改和文本打印的过程,实现了校对无纸化。

②利用校对软件进行机械校对,弥补人工校对的疏漏。以常用的黑马编校软件为例,黑马编校软件的设计原理是利用分词及词与词之间的接续关系,检查校样的正误。在纠正常见的错别字和人名、地名、成语的差错方面,效果明显,可以弥补人工校对的疏漏。但是,对于辨别语法、逻辑及标点符号、数字、量和单位等用法的错误,它几乎是无能为力的。此外,计算机校对软件所采用的语法模型不可能同汉语语言完全吻合,机器怀疑有错的地方不一定全都真错,误报率很高,机校报错需要人工一一判断。

③利用数据库、网络资源达到资源共享,配合校对工作。电子化校对体系中有一个重要的组成部分是数据库,它是专门用来存放校对相关资料的。校对的稿件从原稿开始,就被存放在数据库指定的空间内,每个校次依序排放。相关人员查找时,只

需在数据库里输入文件名、校次、校对者、编辑等与文件有关的信息，数据库就会自动搜索，列出符合条件的资料，大大提高了工作效率。

24. 校对人员如何正确使用校对软件？

在出版过程中，恰当使用校对软件可以显著提高编校工作效率，使用不当则会留下质量隐患。使用校对软件必须注意以下几点：

①使用校对软件校对必须与人工校对相结合：人工校对，校对人员可能会因身体疲劳、注意力分散、先入为主的思维定式以及知识的局限等方面的影响导致漏检或误判。计算机校对软件查检常见错别字、成语、专有名词中的错误辨识率高、速度快，是校对的得力工具。但计算机校对软件也存在局限性，除形式化问题，其他问题误报率较高，这就需要人工校对进行一一判断。因此，人工校对与计算机校对软件相结合，两者取长补短、相得益彰，可提高校对质量。

②校对软件校对与人工校对应各有侧重：对作者提交的电子原稿、排版后的校样均可采用人工校对与计算机校对相结合的校对模式。人工校对的对象是纸质校样和纸质原稿，而计算机校对的对象是电子排版文件。人工初校，经文字技术整理后，可以基本消除缺行、漏句等情况，为计算机校对提供较好的基础。计算机校对后，需要校对人员对计算机的校对结果做初步筛选、判断，再在纸质校样上做出差错标记。三校和通读则可以发现并改正计算机校对中的漏校（校是非），起到最后把关的作用。

③提高校对软件的应用性能：尽管计算机校对软件易学易

用，但积累使用经验对改善校对效果作用显著。计算机校对存在一定比例的差错误报和漏报现象，为提高工作效率，校对人员可根据本人或本单位经常处理的图书的特征，利用校对软件自行编制和使用个性化的用户词库，或利用成批查找功能，以大幅度降低计算机校对的误报率，提高有效报错率，从而改善计算机校对软件的应用效果，提高校对质量和工作效率。

六、图书的成本与定价

1. 什么是图书成本？图书成本的总体构成包括哪些？

图书成本是指出版单位为生产产品、提供劳务而发生的各种耗费，也可以说是出版单位在进行图书的编辑、复制和发行等活动中所支付的所有费用。

图书成本的总体构成包括直接成本、间接成本和期间费用。直接成本包括稿酬、校订费、租型费、原材料及辅助材料费、制版费、印装制作费、出版损失、其他直接费用等；间接成本即编录经费，包括编辑部门的人工成本、会议费、办公费、资料费、业务招待费等；期间费用包括管理费用、财务费用和营业费用等。

2. 什么是本量利分析？本量利分析的作用是什么？

本量利分析是指利用成本费用、销售数量、利润三者变量关系的内在规律进行数据测算的分析。

本量利分析的作用包括：①可以预测图书的保本销售量（即保本点）；②可以预测目标利润；③可以根据目标利润确定图书的定价和销售收入；④可以制订定额和考核标准；⑤可以作为出版单

位经营决策、收支平衡控制和投入产出能力分析的依据。

3. 本量利分析的特点和原则是什么？

本量利分析的特点有：本量利分析和计算必须以许多假设为前提条件；本量利分析的结果与实际情况不可能完全吻合，必然会存在差异；本量利分析具有较大的动态性。

本量利分析的原则为：产品的成本费用必须划分为变动成本和固定成本；需假设计划生产的产品可以全部实现销售，即假设生产量等同于销售量；可以假设一些变量的值；固定成本总额和单位变动成本只是在一定范围内保持不变；将销售数量视为影响成本的唯一因素。

4. 图书的变动成本项目及其特征有哪些？

图书的变动成本是指总额在一定范围内随着生产量的变动而呈线性变动的成本。

图书的变动成本项目及其特征如下：版税与印数稿酬，与生产量同步增减；租型费用，其计算方式与版税比较类似，发行数量越多付费越多；原材料与辅助材料费用，随生产量的变化而变化；印装费用，出版单位委托加工单位印装图书而支付的加工费，随生产量的变化而变化。

5. 图书的固定成本项目及其特征有哪些？

图书的固定成本是指总额在一定范围内不随生产量变动的成本。

图书的固定成本项目及其特征如下：相对固定的稿酬，基本稿酬根据字数向作者付酬，与生产量无关。制版费用，纸介质图书的制版费用指印前的排版、出片、打样、晒上版等费用；其他费用，主要是可以明确归属于某一个图书品种的前期策划、组稿和编辑加工费用等，都与生产量无关。

6. 在本量利分析中要掌握哪些概念？

出版专业人员在本量利分析中要掌握定价、发行折扣率、销售数量、单位销售收入、销售收入总额、单位销售税金、销售税金总额、变动成本总额、单位变动成本、固定成本总额和单位固定成本等概念。

7. 本量利分析的基本公式是什么？如何使用本量利分析的基本公式？

本量利分析的基本公式是：

利润 =（单位销售收入－单位销售税金－单位变动成本）×生产数量－固定成本总额

本量利分析的基本公式可以用在对图书生产的保本点、预期利润以及目标销售量和定价的预算上。测算保本点，即已知图书的成本，测算全部实现销售的生产数量是多少，才能达到销售收入与成本和税金相等。测算预期利润，即已知图书成本，测算所生产的图书在全部实现销售后可以获得多少利润。测算目标销售量，即已知图书成本，测算全部实现销售的图书生产数量是多少，才能获得预定的利润。

8. 影响图书定价的因素有哪些？

影响图书定价的因素有：生产成本、预期利润、生产数量、市场需求、同类图书价格、出版社或系列套书品牌等。

9. 如何使用成本定价法来核定图书价格？

利用成本定价法来核定图书价格应遵循以下步骤：第一，根据图书的内容和形式特点，做充分的市场调查，估计它的第一次印数和总共预期印数；第二，测算该图书的变动成本总额和固定成本总额；第三，根据图书批销市场的状况，参照市场平均折扣率来设定本图书的发行折扣率；第四，根据图书市场状况和本出版单位的经营情况，设定该图书的目标利润额；第五，根据国家对图书征税的规定，选定该图书的税种及税率；第六，运用本量利分析，测算出该图书的合理定价，并在综合考虑各种影响定价的因素和本出版单位对该图书的定价目标后，做适当调整；最后，将测算出的定价报请相关部门和出版单位领导审核，并按照审核意见再正式确定图书定价。

10. 如何使用印张定价法核定图书的价格？

首先，核算该图书的印张数和各类插页数；其次，选用适当的正文印张价格标准、插页的价格标准和封面的价格标准；再次，用印张定价法测算出图书的定价，并在综合考虑各种影响定价的因素和本出版单位对该图书的定价目标后，做适当调整；最后，将测算出的定价报请相关部门和出版单位领导审核，并按照审核意见再正式确定图书定价。

11. 如何使用价值定价法核定图书的价格？

第一，通过市场调研，确定图书的质量、销售服务、广告宣传等因素在读者心中所产生的影响和由此形成的价值感，再据此确定图书的定价，并估计在这种价格水平下能达到的销售量；第二，根据预期销售量计算所需要的生产量、投资总额和单位成本；第三，计算在这样的定价和成本下能否获得满意的利润。

12. 使用需求差别定价法核定图书价格的注意事项是什么？

第一，确定市场能够细分，能明确区分需求的差异；第二，确定在价格上获得优惠者没有转手销售给未得到优惠者的机会；第三，确定不会因销售价格的不同而引起读者的不满，进而失去读者。

13. 为什么说用随行就市定价法来核定图书的价格是可行的?

第一，一般来说，行业的平均价格都具有相当的合理性，可以保证自己获得与其他出版单位相近的利润；第二，在成本难以准确计算的情况下，行业的平均价格反映了实现全行业合理利润的集体智慧；第三，按通行平均价格定价，将最小限度损害行业的协调性；第四，另行提高平均定价将很难预料读者的反应，图书滞销的可能性很大。

七、图书出版编辑应用文的写作

1. 什么是图书出版编辑应用文?

图书出版编辑应用文，是编辑人员在图书出版编辑业务工作过程中，为处理各种事务而写作的应用文。图书出版编辑应用文主要有四种类型：①内部编辑业务文件。即编辑人员为完成有关选题策划、稿件审读与加工处理等工作所撰写的文字材料，如选题报告、编辑计划、审稿意见、送审报告等。②编辑工作书信。即为做好编辑出版业务工作，同作者、读者进行联系而撰写的工作信件，如约稿信、退修信、退稿信、答读者信等。③图书辅文。即为完善图书内容，阐明编者观点和编辑思想，对正文进行必要的补充而撰写的辅助性文字，如出版前言、编者按、凡例、内容提要、作者简介、出版后记等。④图书宣传文字。即为使图书发行单位和广大读者了解图书的信息，推广介绍图书的情况而撰写的宣传性文字，如新书预告、书讯、图书广告、书评等。

2. 撰写图书出版编辑应用文有哪些基本要求？

撰写图书出版编辑应用文要遵循以下基本要求：①有的放矢，观点鲜明。撰写编辑应用文要主旨明确，编辑人员撰写应用文时首先必须明确将要解决的问题是什么，明确撰写应用文的目的，做到有的放矢。撰写编辑应用文时，编辑人员应该态度鲜明，对想要解决的什么问题、达到什么目的，要鲜明地表达观点，赞成的要讲出理由，反对的更要辨析清楚，理由要充分，道理要令人信服，在表述上绝不能含糊不清、模棱两可。②文字精练，表达适中。编辑应用文的撰写要言简意赅，为此，要舍得删减，竭力将可有可无的字、句、段删去，将与主旨无关或联系不紧密的内容删去，尽力做到语言简明扼要、准确贴切、严密规范。但也应注意不能一味求简，要服从行文目的的需要，该详则详，该略则略。在力求文字精练的同时，还要做到表述适中。言辞要恳切、真诚，既不盛气凌人，也不恭维卑下。对于稿件的意见甚至批评，不用反驳式的语气或反问的句式，有时意见可以提得尖锐一些，但决不能用刺人的字眼和伤人感情的语言。③结构严谨，条理清晰。编辑应用文有长有短，表现方式也多种多样，但都要结构严谨、条理清晰。要围绕主题表达的需要，合理地安排和展开材料，观点与材料要组织得当，材料的安排顺序和相互之间的衔接要合乎逻辑、通达事理，做到中心突出、层次清楚、主次分明。

3. 什么是选题调查报告？如何写好选题调查报告？

选题调查报告就是编辑人员为了组织策划选题而对读者、作者、市场行情等情况，进行深入的调查研究，并结合调查研究的情况及得出的相应结论写出的书面报告。

选题调查报告由前言、正文、结论三部分构成。撰写选题调查报告要在占有大量现实和历史材料的基础上，用叙述性的语言实事求是地反映某一客观事物。充分了解实情和全面掌握真实可靠的素材是写好调查报告的基础。选题调查报告要能够正确反映选题的客观实际及其规律性，写明调查的事项和调查的对象以及调查中总结的经验和发现的问题，对存在的问题进行探讨，提出解决的途径和办法，并在选题价值、读者需求、本选题的未来市场和市场吸引力、真正实施该选题的主客观条件等事实基础上做出结论。写作时要坚持观点和材料相统一，观点来自材料，用最典型最有代表性的材料来说明观点。从材料中提炼观点，必须坚持“去粗取精，去伪存真，由此及彼，由表及里”的原则。在撰写选题调查报告的过程中，既要防止以偏概全，又要防止面面俱到、不分主次、不分真伪。其语言文字要通俗简洁，做到层次分明、条理清楚、结构严谨、中心突出。

4. 什么是选题报告？如何写好选题报告？

选题报告也称“选题策划报告”，是为提出选题设想而由编辑人员撰写的关于选题构思与设计的书面报告。选题报告经过论证确认后，即编入全社的选题计划。

选题是出版工作的前提和基础，选题得到认可和确定的前提是写好选题报告。因此，作为内部编辑业务重要文件，写选题报告是每个编辑人员应熟练掌握的基本功。撰写好选题报告，要明确选题报告涉及的内容，包括选题名称，提出选题的原因、依据及目的，内容简介，作者情况，选题的学术文化价值和出版价值，选题酝酿、形成的过程，读者对象与同类图书的比较，时间安排，效益预测，市场营销设想等。以上内容因具体选题的不同可详可略，其顺序也可调整，且格式不止一种，可采用表格式，也可采用文本式。选题报告根据来源的不同,写法也有所不同。对于从来稿中发现的选题,因为已有稿子作为基础,在撰写选题报告时可简介稿子的内容、特点、质量等;对于从编辑自己所获得的信息中提出的选题,因为还没有现成的稿子,在撰写选题报告时可写明选题的内容及写作要求、拟请的作者等。不管选题报告采用哪种写作方法,都要求文字简练,内容具体,切实可行。

5. 什么是编辑计划？如何写好编辑计划？

编辑计划也称“编辑方案”,是选题报告被批准后实现选题的具体计划和操作方案。它一般用于一些重点图书、系列图书、大型工具书选题,或是几个出版社合作出版的图书选题。

编辑计划是选题计划的具体化,必须具有可操作性。要写好编辑计划,首先要明确编辑方针或指导思想,反映读者对象、所编图书的主要内容、分工情况、组织机构和编写力量、组织活动和经费预算情况,以及工作日程安排等具体要素。但各项具体内容并不是固定不变、都要写全,各项内容的排序也可以适当调整。撰写编辑计划要从实际出发,需要几项就写几项,各项内容也可粗可细,可详可略,但都要明白、具体,切实可行,便于落实、操作和检查。

6. 什么是审稿意见？如何写好审稿意见？

审稿意见是审稿人审稿后,对所审稿件做出价值评估、质量判断并提出书面处理意见的文件。审稿意见根据不同层次的不同审稿人,可分为初审意见、复审意见和终审意见三种。

编辑人员审读完全部稿件后,先要对稿件的内容、特点和问题等加以分析研究,然后撰写审稿意见。审稿意见的内容一般包括书稿的基本情况、作者简介、内容简述、对稿件的价值评估和质量判断、对稿件的处理意见和建议等。为了写好审稿意见，审稿时可做审稿记录和写审稿摘要。审稿记录就是把审稿时出现的观感、意见和发现的问题随时记录下来，供整理审稿意见时参考。审稿摘要是将各个章节的内容要点摘写下来，以便了解全稿的面貌，有个总的印象。撰写审稿意见要注意提纲挈领，主次分明，结构上要注意详略得当，轻重有致。对本质性的、全局性的问题，宜多花笔墨写得详细些，对枝节性的问题可以简略些。对书稿的取舍要做出明确的判断，对书稿的修改意见、建议尽可能提得具体并切实可行，尽量少用抽象的概念和笼统的提法。审稿意见在写法上也无固定的格式，但不论采取何种写法，都要做到观点鲜明、意见具体、条理清楚、文字简明通畅。

7. 什么是送审报告？哪些情况下需要撰写送审报告？

送审报告也称“外审报告”，是编辑人员请示本出版单位领导，要求将稿件送请有关主管部门或本单位以外的专家审阅而撰写的书面文件。

责任编辑在审稿的过程中，遇到两种情况时需写送审报告：一是发现稿件中有重大的政治问题、涉外问题、民族问题、宗教问题、军事问题等，按照国家规定需送有关主管部门审定；二是稿件中存在学术理论问题或专业性特别强的专业问题，编辑觉得单凭自己的水平难以把握，需要送请有关专家审阅。

8. 约稿信包括哪些内容？如何写好约稿信？

约稿信是以出版社名义或以编辑个人名义约请作者撰稿的信函，大致内容包括稿件的题目、写作的内容和要求、读者对象、字数和交稿时间、可供参考的资料、写作中应注意的事项、对著作方式的具体要求等。

写约稿信的目的是约请作者为本出版单位撰写书稿，所以必须明确地告诉作者出版意图、目的要求、写作方法、读者对象、有哪些资料可供参考以及对写稿方式有哪些具体要求等。因此，写约稿信要根据选题报告写明选题的内容和要求，必要时附上示例性的样稿；写明读者对象的职业、年龄、性别等基本情况；给作者提供可参考的资料；著作方式等其他事宜要具体写明，供作者参考。编辑在撰写约稿信时，要语言委婉，尊重作者，表述上要做到观点鲜明、意见具体、条理清楚、文字简明通畅。

9. 退修信是什么？如何撰写退修信？

退修信是出版单位将初步决定采用但认为还需做修改的稿件退回作者，要求其对稿件进行修改所撰写的信函。

撰写退修信时应注意既要尊重作者，又要明确提出修改意见。首先，应充分肯定稿件的长处；然后，指出稿件中需要修改的地方，并提出明确的、切实可行的修改意见或建议。语言要有分寸、有讲究，所有意见均应通过客气、商量的口气表述，不要表现出命令的语气，特别要考虑怎样写更容易让作者接受，有利于调动作者修改稿件的积极性。修改意见要主次分明，突出重点。退修信中对全局性的修改意见应花些笔墨，尽量写得详细一些，局部性的意见可以写得简要一些。

10. 退稿信包括哪些内容？撰写退稿信有哪些注意事项？

退稿信的主要内容一是要明确告诉作者其稿件未被采用，二是要说明稿件未能采用的原因。退稿信的内容与退稿的情况有关。被退的稿件大多是自投稿，也有少数是约请写作的稿件。稿件未被采用的原因主要有以下三种：①稿件质量差，未达到出版要求。对这类稿件，退稿的原因容易说得清楚，退稿时写明其主要不足之处即可。②选题内容重复，本社已组织同类稿件或已出版过同类图书。此类稿件退稿的原因一说便明。③稿件不属本社的出版范围。对这种稿件，退回时也可向作者建议向相关的出版社投稿。

撰写退稿信，首先要认真审稿，谨慎地对待退稿。撰写时要仔细斟酌，态度要诚恳，语气要平和，摆事实，讲道理，尽量做到使作者比较心平气和地接受，做到稿退人不退。要从帮助、鼓励的愿望出发，不能用刺激甚至挖苦打击的语气说话，以保护作者的创作积极性，使作者收到退稿信后心悦诚服而不是心灰意冷。不过，还要特别注意在保护作者、留有余地的同时，千万不要模糊了退稿信的主要目的，不要模糊了退稿与退修的界限。退稿信必须把“不拟接受出版”的信息明白地告诉作者，以免作者误解为“退修”。

11. 哪些情况要撰写日常联系信件？编辑如何写好日常联系信件？

日常联系信件是指编辑在日常工作中与作者、相关业务单位联系的信件。与作者日常联系信件的内容范围比较广，只要是出版工作中与作者相关的事宜，编辑都可以与作者以书信的方式联系，目前更多的是采用 e -mail 或微信等电子方式联系。日常联系信件（或电子邮件）的内容主要有：了解作者创作的进程，是否可按原计划的时间交稿；与作者探讨稿件内容；向作者提供写作中可参考的资料；告知稿件目前处理的进度；转达读者的意见和建议；了解作者其他相关情况等。

撰写日常联系信件或电子邮件，首先，要明确撰写的目的，做到有的放矢。其次，要语言委婉，掌握分寸。再次，要联系及时，注意对内对外的区别，不透露编辑部内部的不同意见。日常联系信件或电子邮件可以编辑部或出版单位的名义发出,也可以编辑个人名义发出。日常联系信件(或电子邮件)是为解决编辑工作中的具体问题而写的,因此必须简要具体,态度明朗,表达清楚,力戒空泛议论。

12. 哪些情况下需要撰写答读者信?如何写答读者信?

应由编辑撰写答读者信的,主要有以下几种情况:①对某一种图书提出意见的;②对出版社的工作提出希望或建议的;③就图书中的某个理论问题或学术问题与编辑探讨的;④向出版社提供有关信息的;⑤向编辑请教有关问题或要求帮助联系作者的。

编辑应该重视和热情地回复读者的来信。答读者信一般有两种发出形式及写法:①以公函的形式发出。该形式属于公文体裁,可由编辑按照公函的格式拟稿,以编辑室或出版社的名义发出。②以日常书信形式发出。该形式属于日常应用文体裁。读者写给编辑的信,可由编辑个人署名回信。以编辑个人名义撰写的答读者信,采用日常书信形式的写法。这种书信比较灵活,自由度也高,可采用言理、抒情、议论、叙事、说明等多种形式,篇幅也不受限制,可长可短。只是要特别注意:这是处理编辑出版业务的职务行为,与撰写纯粹的私人函件在性质上是有重要区别的。

13. 内容提要有哪些类型?如何写好内容提要?

内容提要的格式多种多样,但主要有以下几种类型:①鉴定型内容提要。也称评论型内容提要,适用于各类图书,但主要用于学术著作。②说明型内容提要。常用于科技文化类图书,一些普及读物及汇编本、选编本和资料性读物等也常用。此类只说明情况，不表达撰写者的个人观点。③梗概型内容提要。适用于文艺类图书。④悬念型内容提要。常用于少儿读物，侦探类小说、惊险类小说、科普读物等，此类以提出问题、在情节紧张处戛然而止、造成悬念的方式，激发读者阅读学习的兴趣。

内容提要就是用最简明扼要的文字介绍一本书的梗概和要点，以使销售者和读者一目了然，对图书内容有个大致的了解。写好图书内容提要，有利于图书发行和读者阅读。编辑要十分重视内容提要的撰写。为此，编辑必须认真读懂该作品，把握精髓，写作之前要充分准备和酝酿。内容提要的写法可以有所不同，但必须注意以下几点：①要提纲挈领，揭示要点。内容提要要紧扣作品的关键之处，深入挖掘，高度概括，提炼出作品内容的要点。②要言简意赅，文风质朴。内容提要无论置于面封、底封还是勒口，文字都要尽可能简短精练，表意清楚，让人一看就知道作品的读者对象、主要内容和写作特色。同时，内容提要还要根据不同读者对象的阅读或购买心理，选择最能吸引和打动他们的语言形式，切忌千篇一律、语言干瘪。③要注意分寸，留有余地，不要言过其实。对作品内容的介绍或评论，一定要实事求是，不夸饰，不说过头的话，切忌浮夸吹嘘。

14. 什么是出版前言？如何撰写出版前言？

出版前言又称“出版说明”“编纂说明”“编辑说明”等，是以出版单位或作者名义，从编辑工作或写作的角度向读者说明有关该书出版情况的文字。

撰写出版前言力求精练，篇幅以短为宜，一般占一两个页面较为合适。出版前言要写明出版的目的和价值，以及简单介绍图书的内容和特点，以便让读者一目了然。通常会说明该书的出版及创作过程，介绍作者的成就和影响。在写法上必须与图书的个性贴合。交代的内容应根据图书的特点有所侧重，有所突出，而不必面面俱到。涉及的材料都应该认真核实，切忌主观臆断。出版前言是代表出版单位的，所以不署撰稿人姓名。

15. 什么叫编者按？如何撰写编者按？

编者按是编者经过考核、研究之后，为说明、提示或考证书中的问题或某一观点而撰写的文字，也叫“按语”或“案语”。“编者按”与“内容提要”“前言”“后记”等不同，它的论述范围可大可小，有时可以综合分析许多问题，有时只是针对某一问题或某一观点进行评论。在书籍中，编者按不是一种固定的单独运用的文体，而是在编稿过程中经常使用的一种处理方式。它是最简短、最轻便的言论形式之一，在编辑工作中用途很广。

编者按分为介绍型、提示型、评论型三种。撰写编者按要以短为宜，力求精练。编者按通常一两百字，甚至更短，有时仅三言两语，但要能够切中要点。它没有独立的标题，位置也较自由。评价必须十分慎重，要有充分的事实材料作为依据，行文要平实，态度要冷静、客观，尽量不要使用修饰词。

16. 什么是凡例？如何撰写凡例？

凡例也称“义例”“例言”等，是作者或编辑为方便读者而撰写的介绍图书内容、编纂体例、使用方法的说明性文字，多用于工具书、资料汇编、地图册、科技专业书等。其主要内容包括编纂意图、基本内容、读者对象、编纂体例、资料来源、选文标准、收词原则、条目编排、释义范围、释文要求、行文规格、检索方法，以及其他所有必需的技术性说明。一般图书通常可以不设专门的凡例，相关的内容可以在出版前言或前言中简要说明，但专业性较强的工具书、资料汇编等，则应有独立的凡例。

撰写凡例应力求明确、通俗、具体，让人一看就知道是怎么回事。因此，撰写凡例时，除了关于内容的原则说明外，重点是介绍体例。如词典的条目安排、注音规则、释义原则、格式安排、符号含义、检索方法等，要分条分款列出。条款形式要脉络分明、直截了当，不必有承上启下的文字，且要准确而周密，避免因空洞或歧义引起误会。

17. 作者简介包括哪些内容？如何撰写作者简介？

作者简介是对作者生平和主要成就的简要说明。作者简介主要包括以下主要内容：①作者的基本情况，包括作者的出生年月、籍贯、学历等；②作者的社会职业及职务，包括工作经历、专业技术职务、行政职务等；③作者的主要成就和贡献，包括作者的著述和获奖情况，以及其他值得介绍的有关情况。

撰写作者简介，主要是为了让读者了解作者，特别是了解与出版的图书有直接关系的情况，也是为了宣传作者，扩大其影响。作者简介在写法上有多种样式，形式上可不拘一格。作者简介要实事求是，对作者及其作品的评价要恰如其分。因为受篇幅的限制，撰写时要注意突出重点特色，只能介绍作者的主要事迹和成就，不求面面俱到。撰写作者简介还应该注意核实材料的真实性和价值，确保材料真实可信，对一些没什么价值或不稳定的材料不宜使用。文字要简洁精练，无需修饰。

18. 什么叫出版后记？如何撰写出版后记？

出版后记也称“编后记”“编后的话”等，是编辑人员完成编辑工作之后向读者说明有关该书出版情况的文字。它置于全书的最后。

出版后记主要是编辑人员编稿之后，就编辑工作中的未尽之言进行补充，对正文中的各类问题做出说明，表达的是编辑人员的一些感想和体会。其写作可采用多种文体，表述的方式比较随意。其内容也比较灵活，几乎没有什么限制，可以评价书籍内容，也可以说明写作背景或编辑过程及体会、感谢语和对读者的希望等。无出版前言时，出版后记可以包括出版前言的内容；如有出版前言，则出版后记主要应补充出版前言的不足，或对书稿出版过程中的某些事务性、技术性问题予以交代，要注意前后的分工，避免重复。其实在许多情况下，出版前言和出版后记的主要内容和写法是相近的。出版后记与出版前言的不同之处在于，出版后记往往更随意，有时甚至可以脱离正文，直接和读者谈心。

19. 如何撰写新书预告？

新书预告一般由该书的责任编辑撰写，它的主要用途是出版单位把出书信息提供给图书发行部门，以便其组织征订。新书预告通常采用表格式的写法，内容包括书名、作者、类别、出版社、版别、出版时间、字数、读者对象、开本、定价、内容介绍等项目。新书预告的核心是不超过两百字的内容介绍，它是了解新书内容和特点的最主要部分，切忌空泛笼统，撰写时要反复思考，提炼出作品的核心思想和实质内容，用最精练的文字对图书的主要内容和特点进行高度的概括，并结合当时的形势和读者的需要，突出宣传重点。新书预告主要是给发行机构的订货人员看的，撰写时要尽量用比较浅显的文字来介绍，尽量做到文字通俗易懂，避免使用枯燥的专业术语和生硬的文句。在表达方式上力求新颖独特，用最少的文字达到最大的宣传效果。

20. 如何撰写书讯?

书讯的内容比较广泛,其范围也不限于对某一种图书情况的报道,还可以是对一类图书或者一批图书情况的报道,凡是图书在编印发过程中的各个环节有新闻价值的信息,都可以成为书讯的素材。书讯作为一种新闻体裁,应该遵循新闻报道的写作要求,要将所报道图书的情况、问题等信息及时明白地反映出来。撰写书讯时要特别注意材料的剪裁和文字的精练,篇幅要短小精悍,不宜写得过长,一般只要抓住人们最感兴趣而又有新闻价值的内容说清楚即可。书讯的内容要准确、客观,注意核实时间、地点、人物、数字等是否有误,表述上要客观中立,不能带有主观感情和色彩,不需要撰写者自己发表评论和议论。

21. 什么是图书广告?如何针对不同媒体撰写不同的图书广告文案?

图书广告是出版单位为了让读者了解其出版图书的内容、特色、优势和价值所在,努力激发读者的购买欲望而撰写的宣传文字。它是向读者提供图书信息,宣传和推广图书的重要形式。图书广告不仅具有促销的商业效应,而且也是传播科学文化知识、提高鉴赏水平的重要手段,具有文化引导的作用。

撰写图书广告,要针对读者的需求,广告文字一定要实事求是,要说得恰到好处,不言过其实,不哗众取宠。语言要通俗、精练,力求生动,富有创造性。随着出版事业的发展、科学技术的进步,图书广告不仅在内容上,而且在形式上都有很大的发展。现在的广告,除了报刊广告等传统媒体投放外,还出现了互联网、手机等新兴媒体投放。这些媒体在送达率、频率和影响价值方面互有差异。对在不同媒体上登载的图书广告,要做多方面的考虑，要了解各类媒体的特性及其优点和局限性，对不同媒体受众的职业和受教育程度等做深入的调研分析。撰写的广告文字，要根据媒体性质、传播特点及受众等做出恰当的选择，切忌以“统发稿”的形式撰写供所有媒体宣传的广告文字。否则，难以收到好的效果。

22. 什么是书评？如何写作书评？

书评即图书评论的简称，是对某一种图书的内容及形式进行评论的文章。也就是以图书为对象，在阅读和研究的基础上，对图书提出明确的观点和倾向性的介绍、评论。书评对大众阅读具有引导作用，可以帮助读者提高欣赏能力和鉴别能力，促进学术交流，积累科学文化知识，推动科学文化事业的发展。

广义的书评包括读后感，但书评和读后感还是有很明确的区别。读后感的主要任务不是对书籍进行价值判断，而是偏重写自己的主观感受，记录个人阅读某种书籍后的所感、所想、所悟；是以读者的心理活动为中心，而不是以阅读对象为中心；在写作上它通常只是围绕阅读对象的某一个点而抒发开去，几乎可以不考虑书籍的整体情况，甚至可以仅仅把阅读对象作为引子，然后就大谈其感想、大发其议论、大抒其情怀。书评是对书籍进行价值判断后的成果。任何不涉及对某本书进行评价的文字，都不能称作书评。

书评的写作方法和表现形式多种多样，篇幅也可长可短。书评是评者对作品的认识与评论，既要准确地反映原作的本质特点，又是一种创造性的思维活动。撰写书评时应认真、全面地阅读原作，要在深入细致地阅读和研究图书全面情况的基础上，把握原作的精神实质及其特点，结合相关的文化背景，与同类图书进行参稽比较，然后按照评判的客观标准，做出审慎的评价。所写的书评，既可以是原作的比较全面的评析或评论，也可以是局部内容或某一点上的评论，不必面面俱到。撰写书评要采取客观公正的、实事求是的态度，既不可带个人偏见，有意贬低原作，也不能因某种私人目的，拔高或吹捧所评的原作。应做到好处说好，坏处说坏；是推荐还是否定，要有明确的观点；是赞成还是反对，应有鲜明的倾向。

第二部分
图书出版管理

一、图书出版单位的设立与管理

1. 我国目前出版行政管理方面的重要法规、规章和规范性文件有哪些？

行政法规有：《出版管理条例》《音像制品管理条例》《印刷业管理条例》《计算机软件保护条例》《著作权法实施条例》《著作权集体管理条例》《信息网络传播权保护条例》《广播电台电视台播放录音制品支付报酬暂行办法》等。其中，《出版管理条例》是最基本、最重要的行政法规。

重要规章有：《图书出版管理规定》《图书质量管理规定》《期刊出版管理规定》《音像制品出版管理规定》《电子出版物出版管理规定》《互联网出版管理暂行规定》《出版物市场管理规定》《出版专业技术人员职业资格管理规定》等。

规范性文件有：《图书、期刊、音像制品、电子出版物重大选题备案办法》《书号实名申领管理办法》《关于严格禁止买卖书号、刊号、版号等问题的若干规定》《出版文字作品报酬规定》等。

2. 国家对出版单位的管理涉及哪些制度？

国家对出版单位的管理制度主要有：出版单位设立的审批制度；出版单位变更登记事项审批和注销登记制度（主要包括出版单位的变更登记事项审批、出版单位中止出版活动的备案、出版单位的注销登记）；出版单位年度核验制度。

（1）出版单位设立的审批制度

出版单位的设立，须经国务院出版行政主管部门审批。出版物应当由依法设立的出版单位出版，设立出版单位应当具备必要的条件，并履行申请、审批、注册、登记等程序。

（2）出版单位变更登记事项审批和注销登记制度

①出版单位的变更登记事项审批。

须经国务院出版行政主管部门审批的变更登记事项有：出版单位变更名称、主办单位或主管单位、业务范围、资本结构，合并或者分立，设立分支机构。出版单位出现上述变更情形时，属于事业单位法人的，应当持批准文件到事业单位登记管理机关办理相应的登记手续；属于企业法人的，应当持批准文件到工商行政管理部门办理相应的登记手续。

出版单位如有其他事项的变更，应当经主办单位及其主管机关审查同意，向所在地省、自治区、直辖市人民政府出版行政主管部门申请变更登记，并报国务院出版行政主管部门备案。出版单位出现其他事项的变更时，属于事业单位法人的，还应当持批准文件到事业单位登记管理机关办理变更登记；属于企业法人的，还应当持批准文件到工商行政管理部门办理变更登记。

②出版单位中止出版活动的备案。

出版单位中止出版活动的，应当向所在地省、自治区、直辖市人民政府出版行政主管部门备案并说明理由和期限；出版单位中止出版活动不得超过180日。

③出版单位的注销登记。

出版单位因实际情况发生重大变化而主动停业，或者因经营不善、资不抵债而被迫停业，或者有违法行为被吊销出版许可证，都应当向所在地省、自治区、直辖市人民政府出版行政主管部门办理注销登记，并报国务院出版行政主管部门备案。

(3)出版单位年度核验制度

出版行政主管部门对出版单位实行年度核验制度（也称“年检登记制度”）。图书出版单位的年度核验每两年进行一次，年度核验资料提交所在地省、自治区、直辖市人民政府出版行政主管部门。

3. 设立图书出版单位须具备哪些条件？应提交哪些申报材料？

根据《图书出版管理规定》第九条规定，设立图书出版单位须具备下列条件：（一）有图书出版单位的名称、章程；（二）有符合国家新闻出版行政部门认定条件的主办单位、主管单位；（三）有确定的图书出版业务范围；（四）有30万元以上的注册资本；（五）有适应图书出版需要的组织机构和符合国家规定资格条件的编辑出版专业人员；（六）有确定的法定代表人或者主要负责人，该法定代表人或者主要负责人必须是在境内长久居住的具有完全行为能力的中国公民；（七）有与主办单位在同一省级行政区域的固定工作场所；（八）法律、行政法规规定的其他条件。设立图书出版单位，除前款所列条件外，还应当符合国家关于图书出版单位总量、结构、布局的规划。

根据《图书出版管理规定》第十一条规定，申请设立图书出版单位时应提交八项材料：（一）按要求填写的设立图书出版单位申请表；（二）主管单位、主办单位的有关资质证明材料；（三）拟任图书出版单位法定代表人或者主要负责人简历、身份证明文件；（四）编辑出版人员的出版专业职业资格证书；（五）由依法设立的验资机构出具的注册资本验资证明；（六）图书出版单位的章程；（七）工作场所使用证明；（八）设立图书出版单位的可行性论证报告。

4. 不同地域和性质的单位如何申请设立图书出版单位？

根据《图书出版管理规定》第十条规定，中央在京单位设立图书出版单位，由主办单位提出申请，经主管单位审核同意后，由主办单位报国家新闻出版行政部门审批。中国人民解放军和中国人民武装警察部队系统设立图书出版单位，由主办单位提出申请，经中国人民解放军总政治部宣传部新闻出版局审核同意后，报国家新闻出版行政部门审批。其他单位设立图书出版单位，经主管单位审核同意后，由主办单位向所在地省、自治区、直辖市新闻出版行政部门提出申请，所在地省、自治区、直辖市新闻出版行政部门审核同意后，报国家新闻出版行政部门审批。

5. 图书出版单位在申请设立、注册登记上有哪些时间上的规定？

图书出版单位的申请设立和注册登记在时间上对出版行政主管部门和申请设立图书出版单位的主办单位均有时间上的要求。国家新闻出版行政部门应当自收到设立图书出版单位的申请之日起 90 日内，做出批准或者不批准的决定，并直接或者由所在地省、自治区、直辖市新闻出版行政部门书面通知主办单位；不批准的，应当说明理由。申请设立图书出版单位的主办单位应当自收到国家新闻出版行政部门批准文件之日起60日内，持批准文件向所在地省、自治区、直辖市新闻出版行政部门领取图书出版单位登记表，经主管单位审核签章后，报所在地省、自治区、直辖市新闻出版行政部门。登记事项由国务院出版行政主管部门规定。图书出版单位的主办单位自收到国家新闻出版行政部门批准文件之日起60日内未办理注册登记表，批准文件自行失效，登记机关不再受理登记，图书出版单位的主办单位须将有关批准文件缴回国家新闻出版行政部门。图书出版单位自登记之日起满180日未从事图书出版的，由原登记的新闻出版行政部门注销登记，收回图书出版许可证，并报国家新闻出版行政部门备案。因不可抗力或者其他正当理由不能按时办理注册登记手续或不能按时从事图书出版的，图书出版单位可以向原登记的新闻出版行政部门申请延期。

6. 获批准设立图书出版单位的主办单位如何办理注册登记手续？

根据《图书出版管理规定》第十三条规定，申请设立图书出版单位的主办单位应当自收到国家新闻出版行政部门批准文件之日起60日内办理如下注册登记手续：（一）持批准文件到所在地省、自治区、直辖市新闻出版行政部门领取图书出版单位登记表，经主管单位审核签章后，报所在地省、自治区、直辖市新闻出版行政部门；（二）图书出版单位登记表一式五份，图书出版单位、主办单位、主管单位及省、自治区、直辖市新闻出版行政部门各存一份，另一份由省、自治区、直辖市新闻出版行政部门在收到之日起15日内，报送国家新闻出版行政部门备案；（三）国家新闻出版行政部门对图书出版单位登记表审核后，在10日内通过中国标准书号中心分配其出版者号并通知省、自治区、直辖市新闻出版行政部门；（四）省、自治区、直辖市新闻出版行政部门对图书出版单位登记表审核后，在10日内向主办单位发放图书出版许可证；（五）图书出版单位持图书出版许可证到工商行政管理部门办理登记手续，依法领取营业执照。

7. 图书出版许可证上标识了哪些内容？

图书出版许可证分正副本，正本标识了出版单位名称、法定代表人、出版单位地址、主管机关、主办单位、业务范围以及证件有效期；副本标识的除正本的内容外，还有出版单位成立时间、批准文件号、年度检验工作登记记录、变更记录。

8. 图书出版单位的主办单位职责是什么？

主办单位即图书出版单位的上级领导部门，其职责有：（一）领导、监督出版单位遵照中国共产党的基本路线、方针、政策和国家的法律、法规、政策以及办社方针、宗旨、专业范围，做好出版工作及有关各项工作；审核出版单位的重要宣传、报道或选题计划，审核批准重要稿件的出版或发表；决定所属出版单位的图书发行或不发行；对出版单位在图书内容等方面发生的严重错误和其他重大问题，承担直接领导责任。（二）依照国家的有关规定为出版单位的设立提供和筹集必要的资金、设备，并创造其他必要条件，办理核准登记手续，依法取得企业法人或者事业单位法人资格。（三）依照国家的有关规定，决定出版单位经营管理国有资产的责任制形式；遵循国家有关规定和责、权、利相统一的原则，保证出版单位的经营自主权，但应对出版单位各项经营活动切实担负监督职责；监督出版单位严格执行国家财政、税收和国有资产管理的法律、法规，定期进行审计，确保出版单位财产的保值、增值。出版单位为实现社会效益目标而形成政策性亏损，主办单位应当给予相应的补贴或者其他方式的补偿。（四）审核出版单位的内部机构的设置，考核并提出任免出版单位的负责人的建议，报主管单位批准。（五）向主管单位汇报出版单位的工作情况，贯彻落实主管单位的有关决定和意见。（六）承担出版单位或图书停办后的资产清算、人员安置和其他善后工作。（七）国家规定的和上级主管部门规定的其他职责。

9. 图书出版单位的主管单位职责是什么?

主管单位是指出版单位创办时的申请者，并是该出版单位的主办单位（两个或两个以上主办单位的则为主要主办单位）的上位主管部门，其对所属的出版单位及其主办单位负有下列职责：（一）监督出版单位及其主办单位贯彻执行中国共产党的基本路线、方针、政策和国家的法律、法规、政策；采取行政措施和经济措施保证出版单位的出版工作坚持为人民服务、为社会主义服务的方向，坚持以社会效益为最高准则；有权决定所属出版单位的图书发行或不发行；对出版单位在图书内容等方面发生的严重错误和其他重大问题，承担领导责任。（二）审核批准出版单位的重大宣传、报道或选题计划，批准有重要影响的稿件的出版或发表；决定出版单位或图书的停办或变更，并向新闻出版行政管理部门提出书面报告。（三）对主办单位对出版单位的领导和管理工作进行检查、监督、指导，并可提出意见或做出决定。（四）扶持、协助主办单位为出版单位提供或筹措资金、购置设备。（五）与主办单位共同负责出版单位或图书停办后的资产清算、人员安置和其他善后工作。（六）国家规定的其他职责。

10. 图书出版单位如何变更注册登记项目?

图书出版单位变更名称、主办单位或主管单位、业务范围，分立或合并，改变资本结构，属于重大变更。应按图书出版单位设立申请和注册登记程序的规定办理登记手续，即变更以上项目的申请和注册登记与新设立一家图书出版单位相同。

图书出版单位变更其他事项的，如变更地址、法人等，手续相对要简单些。应当经图书出版单位的主办单位和主管单位审查同意，向所在地省、自治区、直辖市新闻出版行政部门申请变更登记，由省、自治区、直辖市新闻出版行政部门报国家新闻出版行政部门备案，同时完善相关登记手续。

11. 图书出版单位如何终止图书出版?

图书出版单位终止图书出版要由主办单位提出申请并经主管单位同意后，由主办单位向所在地省、自治区、直辖市新闻出版行政主管部门办理注销登记，并由省、自治区、直辖市新闻出版行政部门报国务院出版行政主管部门备案。图书出版单位同时要完成工商部门的注销登记手续。

12. 组建出版集团有哪些基本条件?

组建集团的地区，出版事业要有良好的发展势头，市场发育健康，发展潜力较大。集团核心明确，至少由5家出版社(杂志社)和相关单位构成，规模较大。同时，具备下列条件：

①坚持正确的出版方向。必须具有一定的品牌优势。集团中的主要单位应是社会效益与经济效益较好、具有一定社会影响力和创新能力的单位，其中优秀和良好出版单位应占30%左右，且集团组成单位近三年无严重违规违纪现象。集团须具备一定数量的获得党和国家奖励、具有较大影响或权威性、有较广

读者群或一定市场覆盖率的名优出版物。集团应能够承担国家重点出版项目。

②有较强的经济实力。沿海经济发达地区组建出版集团，其总资产一般应在15亿元以上，近三年年平均销售收入一般在10亿元以上，近三年年平均利润一般在1.5亿元以上。中西部地区组建出版集团，其总资产一般应在4亿元以上，近三年年平均销售收入一般在3亿元以上，近三年年平均利润一般在4000万元以上。

③有较为完善的管理制度和运行机制。应建立合理的奖励机制和可追溯的责任制度；制订切实可行的中长期发展规划；建立资产经营责任制；组建财务结算中心，实行财务管理和财务人员统一委派，在财务集中管理的前提下逐步实行二级单位独立核算。建立资产经营责任制。

④主业突出，结构优化，积极稳妥地发展相关文化产业。集团出版物中重版书的比例一般应占全年出书品种的40%以上；一般图书的销售收入的利润应达到总额的30%左右。集团应拥有组织创作、编辑大型出版物的能力，并拥有一定数量的重要出版物的自主出版权。

⑤具有一定的多媒体经营能力。组建集团应具有一定规模的多媒体经营基础，在报纸、期刊、音像、电子、网络出版等方面具有一定的优势或发展潜力。

⑥能运用高新技术，提高创新能力，推动产业升级。集团应具备一定的数字化、网络化水准。通过产业升级来拓展业务领域，扩大市场份额，降低成本，提高效率。

⑦有较强的领导班子和专业队伍。组建集团应具备合理的人员配置结构。要有一个政治强、业务精、作风正、纪律严、懂经

营、善管理、团结协作、锐意进取的集团领导班子；有一支有较高编辑策划能力，熟悉国际出版与版权贸易规则，掌握高科技知识的出版队伍。集团在职编辑人员中有高级（含副高）专业职称的应占编辑人员总数的20％以上，经营管理和技术人员中有高级（含副高）专业职称的应占总数的15％以上。制订有适应现代管理与经营需要的人才培训制度，并能贯彻实施。

13. 如何申请组建出版集团？

中央级出版社申请组建集团，由出版社主管部门根据有关规定对申办单位资格进行审核后，分别向中宣部和国家新闻出版行政部门提出申请；省级出版社申请组建集团，由省级党委宣传部和新闻出版局根据有关规定对申办单位资格进行审核，并报经省级党委和政府同意后，分别报中宣部和国家新闻出版行政部门。中宣部和国家新闻出版行政部门共同负责组织对申请组建出版集团的单位进行考察，并联合召开审批集团的论证会，进行审定，由国家新闻出版行政部门根据审定结果予以批复。

14. 什么是图书出版管理属地原则？

根据《图书出版管理规定》第三十五条规定，图书出版的监督管理实行属地原则，即省、自治区、直辖市新闻出版行政部门依法对本行政区域内的图书出版进行监督管理，负责本行政区域内图书出版单位的审核登记、年度核验及其出版图书的审读、质量评估等管理工作。

15. 图书出版管理实行哪些管理制度？

根据《图书出版管理规定》第三十六条规定，图书出版管理实行审读制度、质量保障管理制度、出版单位分级管理制度、出版单位年度核验制度和出版从业人员职业资格管理制度。

审读制度：国家新闻出版行政部门负责全国图书审读工作。省、自治区、直辖市新闻出版行政部门负责对本行政区域内出版的图书进行审读，并定期向国家新闻出版行政部门提交审读报告。

质量保障管理制度：新闻出版行政部门可以根据国家新闻出版行政部门《图书质量管理规定》等规定，对图书质量进行检查，并予以奖惩。

出版单位分级管理制度：国家新闻出版行政部门制定图书出版单位等级评估办法，对图书出版单位进行评估，并实行分级管理。

出版单位年度核验制度：图书出版单位实行年度核验制度，年度核验每两年进行一次。

出版从业人员职业资格管理制度：图书出版从业人员，应具备国家规定的出版职业资格条件；图书出版单位的社长、总编辑须符合国家规定的任职资格和条件。图书出版单位的社长、总编辑须参加新闻出版行政部门组织的岗位培训，取得岗位培训合格证书后才能上岗。

16. 图书出版单位年度核验有哪些程序？

根据《图书出版管理规定》，图书出版单位年度核验每两年进行一次。年度核验按照以下程序进行：

（一）图书出版单位提出年度自查报告，填写由国家新闻出版行政部门统一印制的图书出版年度核验表，经图书出版单位的主办单位、主管单位审核盖章后，在规定时间内报所在地省、自治区、直辖市新闻出版行政部门；

（二）省、自治区、直辖市新闻出版行政部门在收到图书出版单位自查报告、图书出版年度核验表等年度核验材料 30 日内予以审核查验、出具审核意见，报送国家新闻出版行政部门；

（三）国家新闻出版行政部门在收到省、自治区、直辖市新闻出版行政部门报送的图书出版单位年度核验材料和审核意见 60 日内做出是否予以通过年度核验的批复；

（四）图书出版单位持国家新闻出版行政部门予以通过年度核验的批复文件、图书出版许可证副本等相关材料，到所在地省、自治区、直辖市新闻出版行政部门办理登记手续。

17. 图书出版单位哪些情形应暂缓年度核验？

图书出版单位有下列情形之一的，暂缓年度核验：

（一）正在限期停业整顿的；

（二）经审核发现有违法情况应予处罚的；

（三）主管单位、主办单位未认真履行管理责任，导致图书出版管理混乱的；

（四）所报年度核验自查报告内容严重失实的；

（五）存在其他违法嫌疑需要进一步核查的。

暂缓年度核验的期限为 6 个月。在暂缓年度核验期间，图书出版单位除教科书、在印图书可继续出版外，其他图书出版一律停止。缓验期满，按照本规定重新办理年度核验手续。

18. 图书出版单位哪些情形将被不予通过年度核验？

图书出版单位有下列情形之一的，不予通过年度核验：

（一）出版导向严重违反管理规定并未及时纠正的；

（二）违法行为被查处后拒不改正或者在整改期满后没有明显整改效果的；

（三）图书出版质量长期达不到《图书出版管理规定》标

准的；

（四）经营恶化已经资不抵债的；

（五）已经不具备《图书出版管理规定》第九条规定条件的；

（六）暂缓登记期满，仍未符合年度核验基本条件的；

（七）不按规定参加年度核验，经催告仍未参加的；

（八）存在其他严重违法行为的。

对不予通过年度核验的图书出版单位，由国家新闻出版行政部门撤销图书出版许可证，所在地省、自治区、直辖市新闻出版行政部门注销登记。

19. 对图书出版单位的违纪违规行为，新闻出版行政部门可采取哪些行政措施？

国家新闻出版行政部门或者省、自治区、直辖市新闻出版行政部门对违纪违规的图书出版单位可以采取下列行政措施：

（一）下达警示通知书并抄送违法图书出版单位的主办单位及其主管单位；

（二）通报批评；

（三）责令公开检讨；

（四）责令改正；

（五）核减中国标准书号数量；

（六）责令停止印制、发行图书；

（七）责令收回图书；

（八）责成主办单位、主管单位监督图书出版单位整改。

以上所列行政措施可以并用。

20. 图书出版单位出版违禁内容应受到哪些处罚？

图书出版单位出版违禁内容触犯刑律的，依照刑法有关规定，依法追究刑事责任；尚不够刑事处罚的，由出版行政主管部门责令限期停业整顿，没收图书、违法所得，违法经营额1万元以上的，并处违法经营额5倍以上10倍以下的罚款；违法经营额不足1万元的，可以处5万元以下的罚款；情节严重的，由发证机关吊销许可证。

21. 图书出版单位出售或转让本单位名称、书号的应受到怎样的处罚？

图书出版单位出售或转让本单位名称、书号触犯刑律的，依照刑法有关规定，依法追究刑事责任；尚不够刑事处罚的，由出版行政主管部门责令停止违法行为，给予警告，没收图书、违法所得，违法经营额1万元以上的，并处违法经营额5倍以上10倍以下的罚款；违法经营额不足1万元的，可以处5万元以下的罚款；情节严重的，由发证机关吊销许可证。

二、图书选题的管理

1. 什么是年度出版选题计划备案制度？

图书出版实行年度出版计划备案制度。图书出版单位的年度出版计划，须经省、自治区、直辖市新闻出版行政部门审核后报国家新闻出版行政部门备案。

图书出版必须坚持年度选题计划审批和备案制度。各省、自治区、直辖市新闻出版行政主管部门和出版社的主管部门负有对所辖、所属出版社选题计划的审批责任，必须按有关法规、规定严格把关；同时要送交本省（自治区、直辖市）党委宣传部门备案。经省(自治区、直辖市)新闻出版局和出版社主管部门批准的各出版社的选题计划,必须报国家新闻出版行政部门备案。国家新闻出版行政部门可对导向、总量、结构和趋势等问题提出指导性意见,对不符合国家法规、规定的选题进行调整或通知撤销。

2. 什么是重大选题?

《图书、期刊、音像制品、电子出版物重大选题备案办法》所称重大选题,是指涉及国家安全、社会安定等方面的内容,对国家的政治、经济、文化、军事等会产生较大影响的选题,具体包括:

(一)有关党和国家的重要文件、文献选题;

(二)有关党和国家曾任和现任主要领导人的著作、文章以及有关其生活和工作情况的选题;

(三)涉及党和国家秘密的选题;

(四)集中介绍政府机构设置和党政领导干部情况的选题;

(五)涉及民族问题和宗教问题的选题;

(六)涉及我国国防建设及我军各个历史时期的战役、战斗、工作、生活和重要人物的选题;

(七)涉及“文化大革命”的选题;

(八)涉及中共党史上的重大历史事件和重要历史人物的选题;

(九)涉及国民党上层人物和其他上层统战对象的选题;

(十)涉及前苏联、东欧以及其他兄弟党和国家重大事件和主要领导人的选题;

(十一)涉及中国国界的各类地图选题;

（十二）涉及香港特别行政区和澳门、台湾地区图书的选题；

（十三）大型古籍白话今译的选题（指 500 万字以及 500 万字以上的项目）；

（十四）引进版动画读物的选题；

（十五）以单位名称、通讯地址等为内容的各类“名录”的选题。

前款所列重大选题的范围，国家新闻出版行政部门将根据情况适时予以调整并另行公布。

3. 中央在京出版单位如何申报重大选题备案？

中央在京出版单位（包括党中央和国务院各部委、直属机构，各民主党派和全国性群众团体及其直属单位）申报重大选题备案，经主管单位审核同意后，由主管单位报国家新闻出版行政部门审批。申报时需报送下列材料：

①图书主管单位报国家新闻出版行政部门的备案申请文件。主送单位为国家新闻出版行政部门，应有版头、标有文号、公章齐全、文种为请示或者函；申请文件一事一文，报送规格为 A4 纸，加盖正式公章，一式三份。

②图书重大选题备案申请表。表格内容必须真实、准确、完整，标明盖章处应按规定加盖公章。

③齐清定的书稿（打印版）。送审书稿必须齐清定，不能为花脸稿或手写稿；如无特殊情况，送审书稿应装订成册。

④书稿三审意见复印件。三审意见为出版社三审人员对书稿的内容审读意见，不用提供编校过程稿。

⑤其他必要材料。包括：需要履行立项手续的选题应附有关部门批复的同意立项材料；需送审照片的应附照片样稿；其他

与备案工作有关的材料（需要时提供）。

4. 军队出版单位如何申报重大选题备案？

军队图书出版单位申报重大选题备案须经总政宣传部新闻出版局审核同意后，由总政宣传部新闻出版局报国家新闻出版行政部门审批。需报送下列材料：

①总政宣传部新闻出版局报国家新闻出版行政部门的申请文件。主送单位为国家新闻出版行政部门，应有版头、标有文号、公章齐全、文种为请示或者函；申请文件一事一文，报送规格为 A4 纸，加盖正式公章，一式三份。

②图书重大选题备案申请表。表格内容必须真实、准确、完整，标明盖章处应按规定加盖公章。

③齐清定的书稿（打印版）。送审书稿必须齐清定，不能为花脸稿或手写稿；如无特殊情况，送审书稿应装订成册。

④书稿三审意见复印件。三审意见为出版社三审人员对书稿的内容审读意见，不用提供编校过程稿。

⑤其他必要材料。需要履行立项手续的选题应附相关部门批复的同意立项材料；需送审照片的应附照片样稿；其他与备案工作有关的材料（需要时提供）。

5. 地方出版单位如何申报重大选题备案？

地方图书出版单位申报重大选题备案由省级出版行政主管部门审核同意后，由省级出版行政主管部门报国家新闻出版行政部门审批。需报送下列材料：

①所在地省级出版行政主管部门报国家新闻出版行政部门的备案申请文件。主送单位为国家新闻出版行政部门，应有版头、标有文号、公章齐全、文种为请示或者函；申请文件一事一

文，报送规格为 A4 纸，加盖正式公章，一式三份。

②图书重大选题备案申请表。表格内容必须真实、准确、完整，标明盖章处应按规定加盖公章。

③齐清定的书稿（打印版）。送审书稿必须齐清定，不能为花脸稿或手写稿；如无特殊情况，送审书稿应装订成册；

④书稿三审意见复印件。三审意见为出版社三审人员对书稿的内容审读意见，不用提供编校过程稿。

⑤其他必要材料。需要履行立项手续的选题应附相关部门批复的同意立项材料；需送审照片的应附照片样稿；其他与备案工作有关的材料（需要时提供）。

6. 什么是图书重大选题备案申请表？

图书重大选题备案申请表是国家新闻出版行政部门设制的报送重大选题备案的专用表格，样式如下：

图书重大选题备案申请表(2014 版)

选题名称			
出版单位		著作责任者	
涉及重大选题备案类别			
字/幅数(千字/幅)		拟出版时间	
著作责任者简介：			
书稿内容简介：			
拟审核问题：			
出版单位主管部门意见： 年　月　日(盖章)			
总编室联系人		电话	
书稿终审人		电话	
出版社联系电子邮箱			

填报说明：表格内容必须真实、准确、填写完整，否则备案申请不予受理。

7. 什么是选题登录表？

选题登录表是各出版单位报送年度选题计划时反映各选题具体情况的记录表，不同出版单位对此表命名不尽相同，如发稿和出书计划登录表，或者出版计划上报表等，但表格的内容大同小异。下面是较多出版单位使用的发稿和出书计划登录表。

发稿和出书计划登录表

编室：　　　　　　　　　　　　　　　　　　　　　组稿人：

顺序号		类别		文种		重点选题	
书名							
副题							
从（套）书名							
著（译、编）者							
读者对象							
类型词	(1)		(2)		(3)		
责任编辑		发稿时间		出版时间			
字（幅）数		千字（幅）	发行范围		出版方式		
版次		印次		开本		装帧形式	
起始印数		册（张）	累计印数		册（张）	定价	
内容简介		备注	出书条件：				
出版单位负责人审签		主管单位审签					

8. 填写选题登录表有哪些基本要求？

①凡当年发稿、当年出书的选题，都必须列入计划，并填写年度发稿和出书计划登录表。凡由出版社正式编辑出版的每一

种书籍、课本均应算作一个选题；属多卷本或多种开本、装帧形式者，以一个定价、一种开本、一种装帧形式算为一个选题；多卷本统一定价者算为一个选题。无论是初版、再版、重印，还是租型印刷，都要列入年度计划。

②每一种选题都单独填写一张年度发稿和出书计划登录表，并严格按照登录表所规定的栏目填写。

③在年度计划执行过程中，如果需要增补选题，增补的选题也应严格填写年度计划登录表。

④年度计划登录表填完后，一律装订成册，在封面上注明出版单位和本出版单位的“前缀号”。“前缀号”即 ISBN 中国出版者前缀。各出版单位的前缀号必须根据中国 ISBN 中心颁发的《全国出版者前缀》中确定的前缀号填写。

⑤选题登录表的基本信息要真实完整，以便主管部门全面掌握选题情况。

⑥选题登录表的内容简介要求尽可能完整、真实、准确地对选题的基本内容进行介绍和概括，并对选题做简要评述。一些特殊选题须说明其特殊性。填写中要防止避重就轻，隐藏或略述重大备案内容，防止以部分内容代替整体，防止只有评述没有内容或者内容过度简略等情况。

⑦有的登录表有对著（编）者介绍的栏目。介绍著（编）者时须提供著（编）者的真实姓名、籍贯、任职情况以及简要背景材料。翻译作品也须介绍译者姓名、籍贯、任职情况及相关背景资料。

三、图书内容的管理

1. 图书出版在语言文字上有哪些规定？

《图书出版管理规定》规定，图书使用语言文字须符合国家语言文字法律规定。《中华人民共和国国家通用语言文字法》规定，汉语文出版物应当符合国家通用语言文字的规范和标准。汉语文出版物中需要使用外国语言文字的，应当用国家通用语言文字做必要的注释。出版、教学、研究中确需使用方言、繁体字、异体字的，可以使用方言、繁体字和异体字。

2. 出版物违禁内容有哪些？

《出版管理条例》第二十五条明确规定任何出版物不得含有下列内容：（一）反对宪法确定的基本原则的；（二）危害国家统一、主权和领土完整的；（三）泄露国家秘密、危害国家安全或者损害国家荣誉和利益的；（四）煽动民族仇恨、民族歧视，破坏民族团结，或者侵害民族风俗、习惯的；（五）宣扬邪教、迷信的；（六）扰乱社会秩序，破坏社会稳定的；（七）宣扬淫秽、赌博、暴力或者教唆犯罪的；（八）侮辱或者诽谤他人，侵害他人合法权益的；（九）危害社会公德或者民族优秀文化传统的；（十）有法律、行政法规和国家规定禁止的其他内容的。同时，第二十六条规定：以未成年人为对象的出版物不得含有诱发未成年人模仿违反社会公德的行为和违法犯罪的行为的内容，不得含有恐怖、残酷等妨害未成年人身心健康的内容。

3. 图书审读工作包括哪些内容?

图书的审读包括出版前审读和出版后审读。出版前审读主要是指出版单位对拟出版书稿的审读,服务于出版行政部门对选题,尤其是对重点选题、重大备案选题及书稿的审读核准。出版后审读,主要检查图书是否有违反《出版管理条例》所规定的内容,评判质量优劣。

4. 三级图书审读信息网指什么?

三级图书审读信息网是依据《出版管理条例》规定,在图书出版单位与出版行政主管部门之间建立的图书审读信息网。具体内容有:(一)图书出版单位是图书审读信息网中的第一级。主要任务是通过选题论证制、书稿"三审制"、图书审读制等对本单位图书选题、书稿和成书进行自我审读,发现问题及时纠正,并将需要上报的情况及时上报。(二)省级新闻出版行政管理部门是图书审读信息网中的第二级。各省级新闻出版行政管理部门负责本地区图书审读工作的组织、实施、执法及信息交流工作。省级新闻出版行政管理部门可根据本地区图书出版规模及以往的经验,建立一支图书审读队伍,也可以设立专门的审读机构。各省级新闻出版行政管理部门审读部门每季度须向国家新闻出版行政部门出版管理司书面报告一次本地区的相关情况。中央级出版单位的主管部门,负责所属出版单位的图书审读与信息交流工作,有条件的要设专人负责此项工作。(三)国家新闻出版行政部门是图书审读信息网中的第三级。主要负责全国图书审读工作的组织、协调、监督、指导与部署,开展重点或专项审读工作。国家新闻出版行政部门的图书审读工作由出版管理司具体承担。

5. 哪些类型的图书出版实行资格准入制度?

根据《图书出版管理规定》,出版辞书、地图、中小学教科书等类别的图书,实行资格准入制度,出版单位须按照国家新闻出版行政部门批准的业务范围出版。

6. 国家对涉嫌迷信和伪科学类的图书有哪些特别规定?

国家鼓励和支持优秀科技学术著作出版。对迷信和伪科学问题,国家新闻出版行政部门根据《出版管理条例》《音像制品管理条例》《印刷业管理条例》的有关规定,要求所有出版单位不得出版借气功、练功、健身之名,散布荒诞言论和歪理邪说,宣传愚昧迷信和伪科学的出版物;不得出版借研究民俗、传统文化之名,宣扬看相、算命、占卜、看风水等愚昧迷信、伪科学的出版物;不得登载法律、法规和有关出版管理规定禁止的内容。同时严禁买卖书号、刊号、版号出版上述出版物。有关涉及气功、练功类的出版物限于国家出版行政管理部门指定的体育、卫生类出版单位出版,其他出版单位一律不得出版。上述出版单位在出版有关气功、练功类出版物时,要严格履行选题论证制度、稿件审核制度,其主管部门也要严格把关。对出版中把握不准的问题,要及时请示有关部门。所有印刷、复制企业在印制、复制出版单位正式出版的有关气功、练功类出版物时,必须严格按《印刷业管理条例》《出版物印刷管理规定》《音像制品管理条例》《音像制品复制管理办法》《电子出版物管理规定》办理委印和承印手续,并严格执行《图书、期刊印制委托书》《录音录像制品复制委托书》《电子出版物复制委托书》制度。印刷、复制企业不得擅自加印、翻印、盗印、销售上述出版物。所有印刷、复制企业不得印制、复制宣扬愚昧迷信、伪科学内容的非法出版物。具有总发行权的发行单位在征订发行有关气功、练功类的出版物时,必须严格执行征订发行委托书制度;零售单位只能从正式渠道进货,并严格履行进货手续,完整保存进货凭证;任何发行单位不得经营非法出版物。

7. 地方志出版有哪些要求?

地方志,包括地方志书、地方综合年鉴。《地方志工作条例》对地方志的出版做出了明确规定:①国家地方志工作指导机构统筹规划、组织协调、督促指导全国地方志工作。县级以上地方人民政府负责地方志工作的机构主管本行政区域的地方志工作。②编纂地方志应当做到存真求实,确保质量,全面、客观地记述本行政区域自然、政治、经济、文化和社会的历史与现状。③以县级以上行政区域名称冠名的地方志书、地方综合年鉴,分别由本级人民政府负责地方志工作的机构按照规划组织编纂,其他组织和个人不得编纂。④编纂地方志应当吸收有关方面的专家、学者参加。地方志编纂人员实行专兼职相结合,专职编纂人员应当具备相应的专业知识。⑤以县级以上行政区域名称冠名、列入规划的地方志书经审查验收,方可以公开出版。对地方志书进行审查验收,应当组织有关保密、档案、历史、法律、经济、军事等方面的专家参加,重点审查地方志书的内容是否符合宪法和保密、档案等法律、法规的规定,是否全面、客观地反映本行政区域自然、政治、经济、文化和社会的历史与现状。对地方志书进行审查验收的主体、程序等由省、自治区、直辖市人民政府规定。⑥以县级以上行政区域名称冠名的地方综合年鉴,经本级人民政府或者其确定的部门批准,方可以公开出版。

8. 中小学教材的出版有哪些规定?

根据《出版管理条例》规定,中学小学教科书由国务院教育行政主管部门审定;其出版、发行单位应当具有适应教科书出版、发行业务需要的资金、组织机构和人员等条件，并取得国务院出版行政主管部门批准的教科书出版、发行资质。纳入政府采购范围的中学小学教科书，其发行单位按照《中华人民共和国政府采购法》的有关规定确定。其他任何单位或者个人不得从事中学小学教科书的出版、发行业务。

9. 中小学教辅图书的出版有哪些规定？

2015年国家新闻出版行政部门、教育部、国家发改委联合下发《中小学教辅材料管理办法》，其中规定中小学教辅材料是指与教科书配套，供中小学生使用的各种学习辅导、考试辅导等出版物，包括：教科书同步练习类出版物，寒暑假作业类出版物，中小学习题、试卷类出版物，省级以上新闻出版行政主管部门认定的其他供中小学生使用的学习、考试辅导类出版物。其产品形态包括图书、报纸、期刊、音像制品、电子出版物等。并对中小学教辅材料的编写出版、印刷、复制、发行、质量、评议、选用、价格管理等做出明确规定。出版单位出版中小学教辅材料必须符合依法批准的出版业务范围。中小学教辅材料出版单位要严格规范对外合作行为，严禁任何形式的买卖书号、刊号、版号和一号多用等违法违规行为。教辅材料主要编写者应当具有相关学科教学经验且熟悉相关教材；各级行政主管部门和负责实施考试命题、监测评价的单位不得组织编写有偿使用的同步练习册、寒暑假作业、初中和高中毕业年级考试辅导类中小学教辅材料。鼓励有条件的单位组织开发供学生免费使用的教学辅助资源。在中小学教科书发行中，不得搭售中小学教辅材料。

10. 辞书出版有哪些特殊要求？

根据《关于规范图书出版单位辞书出版业务范围的若干规定》，辞书出版有下列特殊要求：①辞书包括语文类辞书、专科类辞书、综合类辞书。②辞书出版必须严格履行图书按专业分工出版的规定，尤其是单语或双语辞书（辞典）的出版。只有在出版范围中包括此类业务的出版单位才能出版，其他出版单位一律不得超范围安排出版单语或双语辞书（辞典）。对违规的出版单位，出版行政部门将依法予以处罚。③申请增加辞书出版业务的图书出版单位，必须具备如下条件：第一，必须具备足够的编辑出版力量，原则上需成立专门的辞书编辑室，辞书编辑室的编辑人员不少于五名，其中具有高级职称的不少于一名；第二，辞书编辑室的编辑人员，必须通过汉语、英语等相关语言学专业学习，获得本科以上学历或同等学力，参加过国家新闻出版行政部门组织的辞书出版业务培训，并通过考核，获得持证上岗资格；第三，在图书质量方面，五年内无被省、自治区、直辖市新闻出版行政部门和国家新闻出版行政部门处罚的记录。④申请增加辞书出版业务的图书出版单位，应提交以下申请材料：第一，申请书；第二，辞书编辑人员的职业资格证书、学历证明、辞书出版业务培训证明；第三，省、自治区、直辖市新闻出版行政部门的审核意见。

11. 养生保健类图书出版有哪些特殊要求？

为了加强养生保健类图书的管理，保护人民群众的健康，国家专门对养生保健类图书做出了特别规定，具体包括：①出版养生保健类图书实行资质准入制度。养生保健类图书是指涉及运用中西医知识和方法预防疾病以及养生强体的科普和生活类图书。凡出版养生保健类图书的出版社必须具备相应的编辑出版力量，设立专业的编辑室，室内编辑人员不少于五名。编辑人员须具有正规医学院校本科以上学历，获得图书编辑专业资格中级以上上岗证书，其中具有高级职称的编辑人员不少于二名。

出版单位设立编辑室一个月内须将编辑人员的情况通过主管部门报国家新闻出版广电总局出版管理司备案。不具备上述编辑出版资质或设立编辑室后未履行备案手续的出版单位一律不得出版养生保健类图书。②出版养生保健类图书要严格执行选题论证制度、稿件“三审”责任制度和“三校一读”制度。负责“三审”的专业编辑必须以对人民、对社会高度负责的态度，把社会效益放在首要位置，加强对作者专业背景的审核，从专业的角度对图书的科学价值和出版价值进行全面审查，把好知识关、学术关、文字关，确保图书的内容质量和编校质量。

12. 未成年人读物的出版有哪些特殊规定?

《出版管理条例》第二十六条规定，以未成年人为对象的出版物不得含有诱发未成年人模仿违反社会公德的行为和违法犯罪的行为的内容，不得含有恐怖、残酷等妨害未成年人身心健康的内容。

2004年，中共中央宣传部、国家新闻出版行政部门下发了《关于进一步加强和改进未成年人出版物出版工作的意见》，意见要求：①所有图书、报刊、音像、电子、网络出版单位都要增强责任感，在新闻出版的各个环节上，体现未成年人思想道德教育的要求，营造良好的舆论导向和文化氛围。严格把关，防止出版物中出现不利于未成年人健康成长的文化垃圾和不良信息。②面向未成年人的报纸、刊物和其他出版物，要把加强未成年人思想道德教育放在首要位置，体现在工作的各个环节。③所有出版物经销场所都要尽可能在显著位置设立未成年人出版产品专卖场或专柜，陈列展示、推荐介绍、导读评价未成年人思想道德教育读物，拒绝一切不利于未成年人健康成长的出版物进场交易，培育健康的消费市场。④在所有电子游戏出版物和互联网游戏出版物的首页显著位置刊登《健康游戏忠告》，凡未按要求刊登者，将一律停止出版、运营、服务和销售活动。⑤制订选题规划，增加未成年人出版物的品种和数量，提高其在出版总量中的比重。⑥改进行政管理，加大政策投入，通过对未成年人读物的出版实行出版资源倾斜政策、资金扶持政策，完善各项奖励政策、健全创新机制、落实人才战略等方面，建立有利于未成年人优秀读物出版发行的长效机制。

13. 学术著作出版有哪些规范性要求？

2012年国家新闻出版行政部门下发《关于进一步加强学术著作出版规范的通知》，通知要求：①学术著作是作者根据某一学科或领域的研究成果而撰写的作品。包括哲学社会科学、自然科学等学科的研究型著作，通俗理论读物、科普读物等不在其列。②学术著作出版必须坚持为人民服务、为社会主义服务的方向，贯彻“百花齐放、百家争鸣”的方针，促进学术创新、学术交流、学术积累，有益于经济发展和社会进步，有益于提高民族素质，弘扬优秀文化，促进国际文化交流。③出版单位应加强学术著作选题论证，组织相关学科领域专家学者，对学术著作的学术水平、创新成果、出版价值等进行认真评估，提高学术著作出版质量。④引文、注释、参考文献、索引等是学术著作不可或缺的重要组成部分，体现了学术研究的真实性、科学性与传承性，必须加强出版规范，严格执行国家相关标准。学术译著应尊重原作者研究成果，力求准确完整，不应随意删改原著的引文、注释、参考文献、索引等内容。⑤学术著作的出版必须弘扬科学精神，杜绝学术抄袭、剽窃；必须保障内容、编校、装帧设计、印制质量；必须符合国家相关法律、法规、规章和标准。⑥出版单位应安排具备较强学科背景的专业编辑人员担任学术著作的责任编辑。

责任编辑应积极主动了解相关学科领域的学术信息，加强与相关学科领域专家学者的联系和沟通，对学术著作中的学术信息进行必要的查证、核实，确保学术质量。

14. 出版古旧小说有哪些特别规定？

根据《关于部分古旧小说出版的管理规定》的相关规定：①出版有淫秽、色情内容或夹杂淫秽、色情内容的古旧图书，包括其删节本、缩写本、改编本，必须事先报国家新闻出版行政部门审批。②部分古旧小说确有文学价值，但有较多性描写内容、不适合青少年阅读的，也需专题报批。出版社的上级主管部门应认真负责审核把关。③经正式批准出版此类图书的，如需要重印或再版，必须事先专题报批。④凡违反以上规定的，一律予以行政处罚。

15. 地图书出版有哪些特别规定？

根据《地图管理条例》的相关规定：①县级以上人民政府出版行政主管部门应当加强对地图出版活动的监督管理，依法对地图出版违法行为进行查处。②出版单位从事地图出版活动的，应当具有国务院出版行政主管部门审核批准的地图出版业务范围，并依照《出版管理条例》的有关规定办理审批手续。③出版单位根据需要，可以在出版物中插附经审核批准的地图。④任何出版单位不得出版未经审定的中小学教学地图。⑤出版单位出版地图，应当按照国家有关规定向国家图书馆、中国版本图书馆和国务院出版行政主管部门免费送交样本。⑥地图著作权的保护，依照有关著作权法律、法规的规定执行。

四、图书质量管理

1. 图书质量包括哪些内容？分为哪些等级？

图书质量包括内容质量、编校质量、设计质量、印制质量四项，分为合格、不合格两个等级。

2. 什么样的图书属于合格的图书？

内容、编校、设计、印制四项均合格的图书，其质量才属合格。具体包括：①符合《出版管理条例》相关规定的图书，其内容质量属合格。②差错率不超过万分之一的图书，其编校质量属合格。③图书的整体设计和封面（包括封一、封二、封三、封底、勒口、护封、封套、书脊）、扉页、插图等设计均符合国家有关技术标准和规定，其设计质量属合格。④符合中华人民共和国出版行业标准《印刷产品质量评价和分等导则》（CY/T 2—1999）规定的图书，其印制质量属合格。

3. 什么叫图书编校差错率？如何计算图书编校差错率？

图书编校差错率，是指一本图书的编校差错数占全书总字数的比率，用万分比表示。实际鉴定时，可以依据抽查结果对全书进行认定。如检查的总字数为 10 万，检查后发现两个差错，则其差错率为 0.2 / 10000。图书编校质量差错的判定以国家正式颁布的法律、法规、国家标准和相关行业制定的行业标准为依据。图书编校质量差错率的计算按照《图书质量管理规定》附件《图书编校质量差错率计算方法》执行。

4. 各级部门之间对图书质量管理是如何分工的?

图书质量管理坚持分级管理责任制度。①国家新闻出版行政部门负责全国图书质量管理工作,依照《图书质量管理规定》实施图书质量检查,并向社会及时公布检查结果。②各省、自治区、直辖市新闻出版行政部门负责本行政区域内的图书质量管理工作,依照《图书质量管理规定》实施图书质量检查,并向社会及时公布检查结果。③图书出版单位的主办单位和主管机关应当履行其主办、主管职能,尽其责任,协助新闻出版行政部门实施图书质量管理,对不合格图书提出处理意见。④图书出版单位应当设立图书质量管理机构,制定图书质量管理制度,保证图书质量合格。

5. 如何实施图书质量监督检查?

根据《图书质量保障体系》的规定,图书质量监督检查的方式有四类:①随机抽样审读。各级出版行政部门组织审读人员,对所辖地区出版社出版的和市场上销售的图书内容进行随机抽样审读,对优秀图书要向读者大力推荐;对有问题的图书要及时处理并向上报告;对倾向性问题及时向上汇报,向下打招呼。②图书出版定期综合分析制度。各省、自治区、直辖市新闻出版行政部门对本地区各出版社出版的图书进行跟踪了解,每半年对已出版的图书做一次综合性分析(包括重点审读情况,出书结构、特点、趋势、问题等),写出书面报告,报国家新闻出版行政部门。③图书编校、印装质量检查制度。各出版社和主管部门每年至少分别进行两次图书编校、印装质量检查。国家新闻出版行政部门每年不定期对部分图书进行抽样检查。对不合格的图书或不合格图书的比例超过规定标准的出版社,按有关规定进行处罚。新闻出版行政部门实施图书质量检查，须将审读记录和检查结果书面通知出版单位。出版单位如有异议，可以在接到通知后15日内提出申辩意见，请求复检。对复检结论仍有异议的，可以向上一级新闻出版行政部门请求裁定。④图书市场的动态监测制度。巩固和完善图书市场动态监测网络，有利于图书市场朝着健康、有序的方向发展，各地图书市场管理部门要密切配合，做到信息准确，反馈灵敏、措施有力。

6. 检查一本书的质量时应检查哪些部分？

对图书质量实施的检查包括：图书的正文、封面（包括封一、封二、封三、封底、勒口、护封、封套、书脊）、扉页、版权页、前言（或序）、后记（或跋）、目录、插图及其文字说明等。正文部分的抽查必须内容（或页码）连续且不少于10万字，全书字数不足10万字的必须检查全书。

7. 对检查出质量不合格的图书应该怎样处理？

根据《图书质量管理规定》，对检查出质量不合格的图书应做如下处理：①对图书内容违反《出版管理条例》第二十五、二十六条规定的，根据《出版管理条例》第六十二条实施处罚。②对出版编校质量不合格图书的出版单位，由省级以上新闻出版行政部门予以警告，可以根据情节并处3万元以下罚款；经检查属编校质量不合格的图书，差错率在万分之一以上万分之五以下的，出版单位必须自检查结果公布之日起30日内全部收回，改正重印后可以继续发行；差错率在万分之五以上的，出版单位必须自检查结果公布之日起30日内全部收回。出版单位违反本规定继续发行编校质量不合格图书的，由省级以上新闻出版行政部门按照《中华人民共和国产品质量法》的相关规定处理。

③对于印制质量不合格的图书,出版单位必须及时予以收回、调换。出版单位违反本规定继续发行印制质量不合格图书的,由省级以上新闻出版行政部门按照《中华人民共和国产品质量法》的相关规定处理。④一年内造成三种以上图书不合格或者连续两年造成图书不合格的直接责任者,由省、自治区、直辖市新闻出版行政部门注销其出版专业技术人员职业资格,三年之内不得从事出版编辑工作。

8. 建立图书质量保障体系的指导思想和基本原则是什么?

建立和实施图书质量保障体系的指导思想:以马克思列宁主义、毛泽东思想和邓小平建设有中国特色社会主义理论为指导,坚持党的基本路线和基本方针,以建立适应社会主义市场经济体制、符合社会主义精神文明建设要求、体现出版工作自身规律的出版体制为目的,坚持为人民服务、为社会主义服务的方向,坚持百花齐放、百家争鸣的方针,坚持精神文明重在建设,繁荣出版重在质量的思想,把能否提高图书质量当作衡量出版工作是否健康发展、检验出版改革成功与否的重要标志。提高认识,强化管理,使出版事业朝着健康、有序、优质、高效的方向发展。

实施图书质量保障体系的基本原则:图书质量保障体系是一项系统工程,要有严密的组织,需要各出版社、出版社的主管部门、各级出版行政部门以及社会各界的共同参与,形成网络;要有科学、严格、有效的机制,根据图书生产、销售和管理的规律,分部门、分阶段、分层次组织实施,分清任务,明确责任,提高管理和运行水平;要有称职的队伍,各单位要制订计划,对各级、各类的出版从业人员,特别是从事编辑工作和出版行政管理工作人员，进行考核和培训，提高思想、政策、职业道德、专业技术水平。

9. 编辑出版责任机制包括哪些内容？

编辑出版责任机制包括前期保障机制、中期保障机制、后期保障机制。其中前期保障机制包括按专业分工出书制度、选题策划工作、选题论证制度；中期保障机制包括稿件三审责任制度、责任编辑制度、责任设计编辑制度和设计方案三级审核制度、责任校对制度和“三校一读”制度、印刷质量标准和《委托书》制度、图书书名页使用标准、中国标准书号和图书条码使用标准；后期保障机制包括图书成批装订前的样书检查制度、出书后的评审制度、图书征订广告审核制度、图书样本缴送制度、图书重版前审读制度、稿件及图书质量资料归档制度、出版社与作者和读者联系制度。

10. 三审意见常见问题有哪些？

三审意见常见的问题有：①各审次职责分工体现不明。存在三审意见大同小异或者有的终审比初审还细致，有的复审、终审又过于简单的现象。②三审意见多停留在介绍图书内容的层面上，对出版价值与导向、文化与学术价值、作品内容水平、作品制作水平等评价较少，对图书的不足也很少涉及。③重大选题在三审过程中没有提出备案意见，把重大选题按一般选题处理。④编辑加工记录与修改结果不统一。⑤三审之间无相互照应，初审、复审、终审各自为营，自说自话。初审发现和提出的问题，复审未做回应，复审提出的问题，终审也不做回应。对复审、终审提出的意见，责任编辑未记载处理结果。⑥三审意见表填写不规范。⑦三审人员资质、职称未达到相关要求。

11. 责任编辑制度包括哪些内容？

责任编辑制度是图书质量管理最重要的制度。《图书质量保障体系》要求：坚持图书出版的责任编辑制度。图书的责任编辑由出版社指定，一般由初审者担任。责任编辑除负责初审工作外，还要负责稿件的编辑加工整理和付印样的通读工作，使稿件的内容更完善，体例更严谨，材料更准确，语言文字更通达，逻辑更严密；消除一般技术性差错，防止出现原则性错误；并负责对编辑、设计、排版、校对、印刷等出版环节的质量进行监督。为保证图书质量，可根据稿件情况，适当增加责任编辑人数。

12. 如何坚持责任设计编辑制度和设计方案三级审核制度？

责任设计编辑制度和设计方案三级审核制度是两项图书质量管理的重要制度。图书的整体设计包括图书外部装帧设计和内文版式设计。设计质量是图书整体质量的重要组成部分。提高图书的整体设计质量，是提高图书质量的重要方面。出版社每出一种书，都要指定一名具有相应专业职称的编辑为责任设计编辑，主要负责提出图书的整体设计方案、具体设计或对委托他人设计的方案和设计的成品质量进行把关。图书的整体设计也要严格执行责任设计编辑、编辑室主任、社长或总编辑（副社长或副总编辑）三级审核制度。

13. 如何坚持图书印刷委托书制度？

出版社印制图书必须到有“书报刊印刷许可证”的印装厂印制。印装厂承接图书印制业务时，必须查验出版社开具的全国统一的由国家新闻出版行政部门监制的委托书，否则，不得承印。

14. 图书编辑中出版印制要坚持哪几项标准?

图书编辑出版印制需要坚持以下标准:①坚持图书书名页使用标准。主书名页应载有完整的书名、著作责任说明、版权说明、图书在版编目数据、版本记录等内容;附书名页应载有多卷书、丛书、翻译书等有关书名信息。②坚持中国标准书号和图书条码使用标准。中国标准书号是目前国际通用的一种科学合理的图书编码系统。条码技术是国际上通行的一种主要的信息标识技术。出版社必须严格按照国家标准和有关规定,正确使用中国标准书号和条码技术。③坚持印刷质量标准。印制时必须严格按照国家技术监督部门和出版行政部门制定的有关书刊印刷标准和书刊印刷产品质量监督管理规定执行。

15. 图书出版有哪些后期保障制度?

图书出版的后期保障制度包括:①图书成批装订前的样书检查制度。印装厂在各种图书印刷完毕、未成批装订前,必须先装订 10 本样书送出版社检查,出版社需在 3 日内通知印装厂是否可装订。②出书后的评审制度。③图书征订广告审核制度。④图书样本缴送制度。出版社每出一种图书,应在出书后一月内,分别向国家新闻出版行政部门、中国版本图书馆、国家图书馆免费缴送样书一册(套)备查。⑤稿件及图书质量资料归档制度。⑥出版社与作者和读者联系制度。

16. 出版管理宏观调控机制包括哪几个方面?

出版管理宏观调控机制包括:预报机制、引导机制、约束机制、监督机制、奖惩机制、责任机制六个方面。其中,预报机制包括坚持年度选题计划审批和备案制度;坚持重大选题备案制度;坚持对全国发排新书目的审核制度。引导机制包括:坚持出版通气会制度;坚持法规强化培训制度;坚持舆论引导制度,坚持制定和实施中长期出版规划制度;坚持出版基金保障制度。约束机制包括:坚持出版社年检登记制度;坚持书号使用总量宏观调控制度;坚持图书跨省印制审批制度;坚持图书售前送审制度。监督机制包括:坚持随机抽样审读制度;坚持图书出版定期综合分析制度;坚持图书编校、印装质量检查制度;坚持图书市场的动态监测制度。奖惩机制包括:坚持优秀图书奖励制度;坚持优秀编辑出版人员表彰制度;坚持优秀和良好出版社表彰制度;坚持对违规出版社和责任人的处罚制度。责任机制包括:坚持分级管理责任制度;坚持主管、主办单位负责制度;坚持出版社业务人员持证上岗制度。以上相关制度在本书相关章节中均有涉及。

17.《图书质量保障体系》中的社会监督机制是怎么规定的?

《图书质量保障体系》中的社会监督机制规定,出版行政部门和出版社对社会各界人士通过各种媒介对图书质量发表的意见要予以高度重视,充分发挥社会舆论的监督作用,对维护良好的出版秩序,依法进行出版行政管理具有重要意义。特别是在社会主义市场经济条件下,有利于抵制部门和地方保护主义对图书质量保障体系的干扰,防止出版行政部门在行使管理职权时,有法不依、滥用职权,甚至执法犯法。

五、图书稿酬管理

1. 支付文字作品报酬有哪几种方式？

根据《使用文字作品支付报酬办法》规定，以纸介质出版方式使用文字作品支付报酬可以选择版税、基本稿酬加印数稿酬或者一次性付酬等方式。

版税支付，指使用者以图书定价×实际销售数或者印数×版税率的方式向著作权人支付的报酬。

基本稿酬，是指使用者按作品的字数，以千字为单位向著作权人支付的报酬。

印数稿酬，是指使用者根据图书的印数，以千册为单位按基本稿酬的一定比例向著作权人支付的报酬。作品重印时只支付印数稿酬，不再付基本稿酬。

一次性付酬，指使用者根据作品的质量、篇幅、作者的知名度、影响力以及使用方式、使用范围和授权期限等因素，一次性向著作权人支付的报酬。

2.如何支付基本稿酬？

根据国家版权局2014年颁布的《使用文字作品支付报酬办法》的规定。原创作品，可以每千字80～300元支付基本稿酬，注释部分参照该标准执行。演绎作品的改编类，可以每千字20～100元支付基本稿酬；汇编类，可以每千字10～20元支付基本稿酬；翻译类，可以每千字50～200元支付基本稿酬。支付基本稿酬以千字为单位，不足千字部分按千字计算。

3. 支付稿酬的字数应如何计算？

支付基本稿酬以千字为单位，不足千字部分按千字计算，支付报酬的字数按实有正文计算，即以排印的版面每行字数乘以全部实有的行数计算。占行题目或者末尾排不足一行的，按一行计算。诗词每十行按一千字计算，作品不足十行的按十行计算。辞书类作品按双栏排版的版面折合的字数计算。

4. 如何支付印数稿酬？

根据《使用文字作品支付报酬办法》规定，每印一千册，按基本稿酬的1%支付。不足一千册的，按一千册计算。作品重印时只支付印数稿酬，不再支付基本稿酬。

5. 什么叫版税？版税应如何计算？

版税，又称版权使用费，是知识产权的原创人或版权持有人对其他使用其知识产权的人所收取的金钱利益。版税的计算方法为图书单价乘一定百分比乘图书销售量或印刷量。一定的百分比称作版税率，标准一般为：①原创作品3%～10%；②演绎作品1%～7%。

首次出版发行数不足千册的，按千册支付版税，但在下次结算版税时对已经支付版税部分不再重复支付。

6. 国家对中小学教材应支付的稿酬有哪些特殊规定？

《教科书法定许可使用作品支付报酬办法》规定：

① 在教科书中汇编已经发表的作品片断或者短小的文字作品、音乐作品或者单幅的美术作品、摄影作品，除作者事先声明不许使用的外，可以不经著作权人许可，但应当支付报酬，指明作者姓名、作品名称，并且不得侵犯著作权人依法享有的其他

权利。

②使用改编作品编写出版教科书，按照本办法第四条的规定确定报酬后，由改编作品的作者和原作品的作者协商分配，协商不成的，应当等额分配。

使用的作品有两个或者两个以上作者的，应当等额分配该作品的报酬，作者另有约定的除外。

③教科书出版发行存续期间，教科书汇编者应当按照本办法每年向著作权人支付一次报酬。报酬自教科书出版之日起2个月内向著作权人支付。

教科书汇编者未按照前款规定向著作权人支付报酬，应当在每学期开学第一个月内将其应当支付的报酬连同邮资以及使用作品的有关情况交给相关的著作权集体管理组织。教科书汇编者支付的报酬到账后，著作权集体管理组织应当及时按相关规定向著作权人转付，并及时在其网站上公告教科书汇编者使用作品的有关情况。

六、图书书号、样本及重大奖项的管理

1. 国家对书号有哪些规定?

对于书号的管理，国家相继出台了《书号实名申领管理办法(试行)》《关于禁止"买卖书号"的通知》《关于严格禁止买卖书号、刊号、版号等问题的若干规定》《关于禁止中国标准书号"一号多用"的规定》《关于重申不得以书号出刊规定的通知》等办法通知，规定书号不能相互替代使用、不得"一号多用"、实行实名

申领制度、严禁买卖书号等。

2. 书号实名申领的原则是什么？如何实名申领书号？

书号实名申领的原则是按书稿实名申领、见稿给号，一书一号。实名申领书号是通过书号实名申领信息系统实现的。书号实名申领信息系统的基本程序是：选题申报→选题审批→出版社完成三审→网上申领（书号实名申领系统）→省（市）局网上核发→出版社向总局申领图书在版编目 CIP 数据→成书上传→缴送样书。

3. 出版物样本缴送制度的主要内容是什么？

出版单位缴送出版物样本是指出版单位发行其出版物前须向国家新闻出版行政部门、中国国家图书馆、中国版本图书馆免费缴送出版物样本，数量为各一份，缴送时间为图书出版 30 日内，所缴样本必须品相完整，不得缺失。出版行政主管部门通过审读样本，可以及时发现出版物内容有无问题，采取相应对策。

4. 如何申领 CIP 数据？

出版社完成书号实名申领需申报图书在版编目（CIP）数据，其基本程序是：出版社向中国版本图书馆标引图书在版编目（CIP）数据，中国版本图书馆收到出版社标引后审校图书在版编目（CIP）数据，审校通过后将数据发送给出版社，最后出版社接收标准图书在版编目（CIP）数据。出版社对图书在版编目（CIP）数据进行再次检查确认无误后排印。完成上述流程后，中国版本图书馆将在本馆网站上发布相关信息，供全社会查询。

5. 如何上报成书信息？

成书信息上传是书号实名申领信息的重要环节，具体操作程序是：在书号实名申领系统里，点开“成书信息上传”一栏，选“未上传”搜索要报的成书，点开该书，按照成书版权页的信息将页面上必填的信息补全，然后保存上报。

6. 出版单位能否与境外出版机构联合冠名出版？

《关于加强对出版单位与境外出版机构联合冠名管理的通知》明确指出：未经国家新闻出版行政部门批准，任何出版单位不得与境外出版机构在合作出版中联合冠名。在版权合作中确需与境外出版机构联合冠名的，出版单位需经主管部门同意后报国家新闻出版行政部门备案，国家新闻出版行政部门在30个工作日内予以答复。

7. 当前国家在组织和扶持出版活动中有哪些政策？

当前国家在组织和扶持出版活动中的政策主要有：①对出版业支持和优惠经济政策。主要包括投资政策、税收政策、价格政策、分配政策等。②扶持教科书的出版发行。从制度上确保教科书出版发行秩序，在政策和物质上支持教科书的出版发行。③扶持少数民族语言文字出版与盲文出版。④对特殊地区和农村发行出版实行优惠政策。⑤大力构建出版公共体系，组织和扶持重大出版工程。⑥为支持和鼓励优秀的、重点的出版物出版，设立了国家出版基金、国家古籍整理出版专项经费、少数民族文字出版专项资金、国家科学技术学术著作出版基金等专项出版资金项目。

8. 国家出版基金的资助范围是什么？

国家出版基金主要用于对不能通过市场资源完全解决出版资金的优秀公益性出版物的直接成本补助。主要资助范围包括：①具有相当规模，代表现阶段思想政治、文学艺术、科学文化最高研究水平的出版项目；②具有填补某一学科领域空白，对我国政治、经济、文化、社会发展等具有积极推动作用的出版项目。③具有重要思想价值、科学价值或文学艺术价值，对弘扬民族优秀文化和及时反映国内外新的科学文化成果有重大贡献的出版项目。④具有很高史料价值，集学术之大成的出版项目。⑤对维护国家稳定、民族团结具有特殊意义的出版项目。⑥优秀盲文、少数民族文字出版项目。⑦优秀“三农”、未成年人读物出版项目。⑧对推动中国文化“走出去”具有重要意义和作用的出版项目。⑨国家委托的重点出版项目。⑩其他优秀公益性出版项目。

9. 申报国家出版基金资助项目有什么条件和要求？

申报国家出版基金资助项目的条件和要求如下：

①申报单位是经国务院新闻出版广电行政主管部门批准设立的出版机构；②申报单位须具有良好的社会信誉、管理水平和出版业绩，具备完成资助项目的能力水平。③联合申报项目应当明确主申单位和辅申单位及各自承担的主要工作和责任。主申单位是项目的主承担单位，辅申单位须符合第一条规定。④申报项目须严格遵守《中华人民共和国著作权法》等有关知识产权法律规定，不存在违法侵权等问题。⑤申报单位须严格按照申报指南要求编制项目申请书，并从实际出发，编制科学合理的项目总预算，结合预计发行收入，提出项目资助金额申请。

10. 出版单位如何申报国家出版基金资助项目？

国家出版基金规划管理办公室（简称“基金办”）每年 6 月 30 日前发布下一年度资助项目申报指南，出版单位根据申报指南要求，申报资助项目。地方出版单位须通过所在地省级出版行政管理部门申报项目。中央在京出版单位可通过中央主管单位申报。项目申报程序如下：①初核。省级出版行政管理部门按基金办的申报指南和申报条件要求，对申报单位资质及申报材料进行审查，并于每年申报截止日期前将审查合格的申报材料报送基金办，中央在京出版单位须经过中央主管单位的审查。②复核。基金办对通过初核的申报单位资质及报送材料的完整性、规范性、合理性等进行复核并报出版基金管理委员会审定，通过复核即完成申报。

11. 古籍整理专项经费使用范围是什么？

根据《国家古籍整理出版专项经费资助管理项目管理办法（试行）》的相关规定，古籍经费的资助对象是具有较高版本价值和重要文化传承价值，整理方法有所创新、整理成果有所突破的古籍整理出版项目。其重点资助的范围包括：①公益性古籍整理出版项目；②具有较高的版本价值、学术价值和文化传承价值，弘扬中华民族优秀传统文化的古籍整理出版项目；③具有较高史料价值、集大成的古籍整理出版项目；④对推动中国文化“走出去”具有重要意义和作用的古籍整理出版项目；⑤已列入《2011—2020年国家古籍整理出版规划》的项目。少数民族文字的古籍整理出版项目，其出版资助另有安排，不在此项经费资助之列。

12. 如何申报古籍经费资助？

古籍办每年10月31日前发布下一年度资助项目申报通知。出版单位按照申报要求申报资助项目，申报项目须签订出版合同并列入下一年度出版计划，且已收到书稿并可保证在要求的时间内如期完成，以前申报过的重大项目，如有新增子项目也须重新申报参与评审。申报单位要在规定时间内报送项目申报材料，包括国家古籍整理出版资助项目申报表、申报项目的详细目录、样稿(不少于50%)、出版合同复印件以及项目的著作权情况等。申报单位按有关要求认真填写申报表后，由出版单位法定代表人审核签字并加盖公章，报主管部门审核后统一报送。

13. 什么是中国出版政府奖？其评奖标准是什么？

中国出版政府奖是由国家新闻出版行政部门主办的全国性奖项，是我国新闻出版领域的最高奖，每三年评选一次，旨在表彰和奖励国内新闻出版业优秀出版物、出版单位和个人。其参评标准为：

①参评出版物必须出版一年以上，质量优秀，并具备以下条件之一：内容健康向上，对于传播、积累科学技术和文化知识，促进经济发展和社会进步有较大贡献；社会效益显著，在本学科领域、本行业或在全国有较大影响，具有较高的知名度和品牌效应；深受读者喜爱，有一定的市场占有量；具有重要思想价值、科学价值或者文化艺术价值；获奖的印刷、复制品应代表我国印刷复制技术最高水平；装帧设计新颖、美观、有创意，代表装帧艺术先进水平。

②先进出版单位参评标准为：按照邓小平理论和“三个代表”重要思想的要求，模范执行党和国家各项方针、政策，一贯遵纪守法，坚持正确的出版方向，自觉为全党全国工作大局服务；认真落实科学发展观，力促发展，勇于改革，不断创新，取得了明显的社会效益和经济效益，在社会主义物质文明、精神文明和政治文明建设中取得显著成绩；领导班子团结，作风优良，管理科学，重视职工队伍建设，人员整体素质好；在同类新闻出版单位

中有较高的知名度和影响力。

③优秀出版人物评奖标准为：努力学习邓小平理论和“三个代表”重要思想，积极宣传、贯彻执行党的路线、方针、政策，一贯坚持正确导向和出版方向；自觉执行有关新闻出版的法律、法规，遵守职业道德，作风正派，廉洁自律，坚持原则，诚信服务；爱岗敬业，勤奋学习，刻苦钻研，锐意改革创新，在本职岗位上成绩卓著；具有较深的专业造诣、较高的业务素养和较强的工作能力，在新闻出版工作中有突出贡献。

14. 什么是“五个一工程奖”？其评奖标准是什么？

“五个一工程奖”由中共中央宣传部组织，主要包括一部好戏剧作品、一部好电视剧(片)、一部好图书、一部好理论文章、一部好广播剧、一首好歌曲等。其标准每年略有不同，但总体要求是参评作品需坚持思想性、艺术性、观赏性相统一，坚持社会效益和经济效益相统一，坚持贴近实际、贴近生活、贴近群众，坚持公平、公正、公开，坚持导向性、权威性、群众性。要体现时代要求和人们在时代进程中的奋斗精神、奉献精神，体现正确的历史观、民族观、国家观、文化观，体现积极向上向善、求真求美求好，具有弘扬民族精神、凝聚爱国力量、展示时代进步、引领社会风尚的思想内涵。

15. 什么是中华优秀出版物奖？其评奖标准是什么？

中华优秀出版物奖由中国出版工作者协会主办的出版物奖，每两年评选一次，设图书奖、音像、电子和游戏出版物奖、优秀出版科研论文奖三个子项奖。

图书奖的评选条件是根据作品的选题导向、学术价值、内容质量、技术指标、装帧水平进行综合评比，注重“三贴近”要求，有较好的社会效益和经济效益。

音像、电子和游戏出版物奖的评选条件是依据作品的选题导向、学术价值、创意、编导质量、艺术表现、技术运用、知识产权保护、装帧水平、外观标识及发行数量等指标，进行综合评比，注重“三贴近”要求，有较好的社会效益和经济效益。

优秀出版科研论文奖的评选条件是要高举中国特色社会主义伟大旗帜，以邓小平理论和“三个代表”重要思想为指导，全面贯彻落实科学发展观，具有一定的思想价值、科学价值或文化价值，体现了良好的导向作用；内容属于出版科研领域里的基础研究和应用研究方面的学术成果，具有新的研究视角和独到见解，具有一定的创新性；论点明确，内容翔实，论据可靠，数据充实，图表清晰规范，文字表达准确流畅，不能有抄袭行为。

七、图书出版单位的财务与档案管理

1. 出版社的财务管理有哪些内容？

出版单位的财务管理包括筹资管理、投资管理、运营资金管理、成本管理、利润及分配管理、税费管理等几个主要方面。

①筹资管理，是指对资金的筹集活动的管理。出版单位作为国有企业，其筹集资金的方式主要是国家投入或增拨的资本和信用贷款。筹资管理一方面要满足企业经营与投资的需要；另一方面还要控制筹资风险；再者就是要降低筹资成本。

②投资管理，是指对出版单位投资资金流出的管理。图书出版的投资一般属于短期投资，提交前要认真分析项目情况，按

出书计划掌握和控制资金的流出，并认真考核其资金回收期。

③运营资金管理，是指对周转资金的管理。主要涉及出版单位流动资产与流动负债的管理，关键是加快出版资金的周转，提高资金的使用效果。

④成本管理，即对图书成本加以有效监督和控制，是出版单位财务管理的中心任务。

⑤利润及分配管理，是指出版单位对经营活动纯利润及其分配的管理。利润分配关系着国家、出版单位、从业人员各方面的利益，是一项政策性较强的工作，必须严格按照国家的法规和制度执行。

⑥税费管理即出版单位对本单位各类税务的管理。

2. 出版单位图书销售的增值税如何计算？

出版单位所涉及的税种很多，与图书出版有直接关系的税种主要有增值税、所得税和附加税。

增值税是对商品生产、流通、劳务服务中多个环节的新增价值或商品的附加值征收的一种流转税，实行价外税。以出版单位销售图书来说，出版单位收到的款项包括两个部分，一部分是购买图书的一方上交的税款，另一部分是出版单位应取得的收入。因此，出版单位收到的款项中已包含增值税款。目前，根据《中华人民共和国增值税暂行条例》规定，图书销售的增值税率为13％。出版单位增值税计算方法（按一个月为例）为：

分步计算法：

$$\text{当月不含税销售额}=\frac{\text{当月含税销售额}}{1+\text{增值税率}}$$

$$\text{当月增值税销项税额}=\text{当月不含税销售额}\times\text{增值税率}$$

$$\text{当月应交增值税税额}=\text{当月增值税销项税额}-\text{当月累计进项增值税额}$$

合并以上公式并代入增值税率可得：

$$当月应交增值税税额=\frac{当月含税销售额\times13}{113}-当月累计进项增值税额$$

简单说就是，当月应交增值税税额就是13/113倍的当月含税销售额与当月累计进项增值税额的差。

当月含税销售额——出版单位当月销售图书所获得的所有收入，其中有买方支付的增值税款；

当月不含税销售额——出版单位当月除掉含税销售额中的增值税税款后的销售收入部分；

当月增值税销项税额——按不含税销售额计算应交的增值税额；

当月累计进项增值税额——出版单位当月增值税进项税额与此前未抵扣完而剩余的增值税进项税额之和。

例：某出版社1月份图书销售总收入(含税销售额)为316.4万元，当月累计进项增值税共18万，则：

$$当月应交增值税税额=316.4\times13\div113-18=18.4万$$

从上可知，要计算一个出版单位图书一个时间段的图书销售增值税，须知道这段时间内图书销售总收入和累计进项增值税额。

3. 如何计算所得税？

所得税是指以纳税人的所得额为课税对象的各种税收的统称，这里所说的纳税人既可以是法人，也可以是自然人。因此，所得税有企业所得税和个人所得税两种。

(1)企业所得税的计算

目前，企业所得税税率为25%，以应纳税所得额为纳税基数计征。公式为：

应纳所得税额＝应纳税所得额×税率＝应纳税所得额×25％

即企业所得税占企业应纳税所得额的四分之一。

(2)个人所得税的计算

出版单位的个人所得税主要包括出版社职工的工资薪金涉及的个人所得税和各种稿酬等所涉及的个人所得税。这里主要对稿酬的个人所得税进行介绍。

根据国家税务总局的规定，稿酬的个人所得税，按个人在同一个品种图书所取得的稿酬总收入为纳税基数计算征收，稿酬所得适用 20％的比例税率，并按应纳税额减征 30％。

具体的计算方法如下：

应缴个人所得税＝应纳税所得额×20％×(1－30％)

根据规定，公式中的稿酬应纳所得税额为：稿酬所得收入不超过 4000 元的，减除 800 元的免税额；4000 元及以上的，减除 20％的免税额，其余额为应纳税所得额。

如：徐某的散文集出版后，一共得到 3800 元稿酬，出版单位在实际支付时须代为扣缴个人所得税额为：

应缴个人所得税额＝(3800－800)×20％×(1－30％)＝420(元)

谢某的长篇小说出版后，一共得到 15000 元稿酬，出版单位在实际支付时须代为扣缴个人所得税额为：

应缴个人所得税额＝15000×(1－20％)×20％×(1－30％)＝1680(元)

4. 如何计算出版单位的附加税？

附加税是随着增值税按一定比例征收的税。出版单位的附加税主要有城市维护建设税和教育费附加。城市维护建设税适用差别比例税率，纳税所在地是城市市区的，税率为 7％。教育费附加适用比例税率，税率为 3％。纳税的基数均为实际缴纳的增值税额。计算公式为：

应纳税额＝当期应纳增值税税额×税率

如，某出版社位于城市中心，其1月应纳增值税税额为100000元，其附加税费应为：

城市维护建设税额＝100000×7%＝7000(元)

教育费附加额＝100000×3%＝3000(元)

5. 出版单位财务管理中的业务预算包括哪些内容？

出版单位的业务预算主要包括：图书营销、图书印制计划和经营管理费用支出的预算，是以出版计划为依据编制的。

①图书营销预算，出版单位的营销预算按书名、印张、字数、定价、折扣、售价、预计印数、预计销售收入等分栏列表计算。可以按全部出书种数汇总编制一张，也可以按图书门类分别编制后汇总成一张总表。

②图书印制计划预算，即图书的生产费用预算。是书稿编辑开始至图书印制完成进入销售的全过程中所产生的各项费用的总预算。包括图书的直接成本与间接成本。印制计划预算按书名、印张、字数、直接成本(纸张费、印制加工费、装帧材料费、稿费等)、间接成本分摊数(分摊比例、金额)分栏列表计算。间接成本分编辑部门并按编辑部门人员工资资金、差旅费、办公费、编辑共用费等成本项目分栏列表计算。

③经营管理费用支出预算，包括管理费用、财务费用、销售费用等，不直接归属于某一特定图书成本中，而是在发生当期全部转入本期损益。

6. 如何做好出版社的书稿档案管理？

做好图书书稿档案工作是图书出版质量后期保障的重要制

度。出版单位的书稿管理工作应建立专门的工作机构，集中统一管理本社档案。出版社的书稿档案由编辑部门收集、整理、立卷后，总编室负责归档、管理，并定期移交出版社档案机构。

立卷归档是书稿档案管理的基础。每一种图书的书稿档案，应反映编辑出版的全过程，为此，立卷归档的文件、材料包括：①选题、约稿、组稿、出版情况记录和书稿的有关合同、协议书（包括合作出版）；②各级审稿意见，包括责任编辑初审、编辑室主任复审、总编辑（副总编辑）终审意见和外审、会审意见及责任编辑加工、整理记录；③出版单位有关书稿出版过程中的请示、报告，上级的指示、批复，重要电话、面洽、会议的记录；④著（译、画）作原稿或复制件（原稿退还作者后应有原稿退还签收单）；⑤封面设计、重要人物的题词手迹等材料；⑥与作者有关书稿问题的往来信件和退改意见；⑦图书出版通知单、清样、样书；⑧发稿后的变动（如书名、作者署名、发行方式的改变，停发、停印、停售及报废等）情况及变动的根据；⑨稿酬、版税通知单；⑩获奖、受查处情况的记录，有参考价值的读者来信、对图书的重要评论等。

书稿档案以书名立卷，每出一种书立一卷或数卷，并按卷夹封面所列项目填写。书稿档案按出版年度归档，跨年度的书稿档案，应在图书出版年度内归档。出版社编辑部门应在出书后三个月内将完整的书稿档案移交出版社总编室。作品出版以后原稿（手迹）归作者所有，除双方合同约定者外，一般原稿保存两三年后，退还作者，并办理清退手续。原稿退还签收单应归档。卷内材料以左下方对齐，在左侧装订。遇有照（底）片、音像制品，须标明标题和作者（按国家档案局《照片档案管理规范》），可分类集中保管，但要注明编号，以便查找。样书也可分类集中保管。书稿档案的全宗号由上级档案部门确定。

凡具有重要历史价值、艺术价值、科学价值的书稿档案，列为“永久”保管。凡比较重要的，具有长期借鉴、利用价值的书稿档案，列为“长期”保管。凡是一般的、在一定时期内有参考利用价值的书稿档案，列为“短期”保管。对列为“长期”“短期”保管的书稿档案，到期经过鉴定，需要继续保存的，可升为“永久”“长期”保管；对确无继续保存价值的，可经出版社领导批准后按规定销毁。

出版社应根据保存的书稿档案的数量，设置必需的专用库房，购置必备的箱柜。库房要坚固，并有防盗、防光、防高温、防火、防潮、防尘、防虫、防鼠等设施。案卷上架可按图书的出版时间顺序或类别排列。再版的书稿案卷放在本书初版的书稿案卷后面。出版社档案机构应建立“书稿案卷接收登记簿”“书稿档案借阅登记簿”“书稿档案销毁清册”。出版社档案机构应建立书稿档案“人名索引卡”“书名索引卡”“书稿、校样保管卡”等，作为辅助查找工具。

八、图书出版从业人员管理

1.图书出版行业岗位培训持证上岗制度的基本内容是什么？

图书出版行业开展岗位培训，实施持证上岗制度是国家对图书出版行业从业人员的要求。其基本内容是：按照图书出版行业的岗位规范和培训要求，对图书出版单位主要岗位的工作人员进行培训，使受培训者按相应教学计划学完规定的全部课程并考试、考核合格，取得该岗位的岗位培训合格证书，持该证书上岗（在岗）。这里所指的主要岗位，在图书出版单位主要是指出版社社长、总编辑、编辑室主任。

岗位培训与持证上岗是此项制度的主要环节，在岗位培训中取得合格证书是持证上岗的前提，是上岗任职的必备条件。图书出版单位在聘任或任命本单位各主要岗位职务时，应从已取得该岗位岗位培训合格证书的人员中选拔，或派送拟任命人员参加岗位培训并取得相应岗位培训合格证书。

2.图书出版业目前开展的岗位培训工作是如何组织实施的？

目前，图书出版业开展的岗位培训主要是由国家新闻出版行政部门和省（自治区、直辖市）新闻出版行政部门组织实施。国家新闻出版行政部门委托新闻出版广电总局培训中心负责组织全国出版社社长、总编辑，中央部门在京出版社编辑室主任的培训。同时负责组织制定和颁发出版行业岗位规范、培训要求，制定和颁发指导性教学计划和教学大纲；组织编写培训教材；制定岗位培训教学单位的资格认定标准和教学质量检查评估标准；制定全行业岗位培训规划和年度计划；对全行业岗位培训进行指导和监督。各省（自治区、直辖市）新闻出版行政部门组织在本地区的出版社编辑室主任及其他主要岗位人员的培训，并负责制定本地区岗位培训计划，建立培训基地，检查认定培训教学单位，对全地区出版行业岗位培训工作进行指导和检查。

3.图书出版行业领导岗位在持证上岗上有什么要求？

图书出版行业实施持证上岗的领导岗位主要是出版社社长、副社长、总编辑、副总编辑。《新闻出版行业领导岗位持证上岗实施办法》要求：以上领导岗位人员在经主管机关（部门或单位）批准任职时，须持国家新闻出版行政部门统一印制的岗位培训合格证书上岗。各图书出版单位要根据国家新闻出版行政部门或各省、自治区、直辖市新闻出版行政部门的规定，定期向国家新闻出版行政部门书面报告本单位领导持证上岗情况。图书出版单位领导持证上岗情况列入图书出版单位年检内容。规定：①图书出版单位领导持证上岗率达不到80%的（非本单位原因除外），图书出版单位年检主管机关将视不同情况给予警告。②图书出版单位领导持证上岗率达不到50%的，暂缓年检。对受到警告、暂缓年检的图书出版单位，要在图书出版单位年检主管机关规定的时间内，达到持证上岗要求。

4.图书出版行业岗位培训合格证书在管理上有哪些规定？

岗位培训合格证书是参加岗位培训人员的岗位培训凭证。该证在管理上有以下要求：①岗位培训合格证书由国家新闻出版行政部门统一印制并用印，分别由国家新闻出版行政部门和各省、自治区、直辖市新闻出版行政部门指定的培训机构颁发，在全国图书出版行业有效。②图书出版相关人员按规定参加由国家新闻出版行政部门或各省、自治区、直辖市新闻出版行政部门组织或指定培训机构举办的相应岗位的岗位培训班，学完规定的全部课程，并经考试、考核合格后，方可获得岗位培训合格证书。③岗位培训合格证书有效期为五年，持有岗位培训合格证书的人员要在有效期满后的第一年内，参加岗位培训，并重新取得岗位培训合格证书。④持有岗位培训合格证书的人员，调离原单位，但不改变任职岗位性质的，其岗位培训合格证书继续有效；脱离原岗位工作，并改变岗位性质三年以下，又回原岗位工作的，其岗位培训合格证书要经新闻出版管理机关核验，方可有效；脱离原岗位工作并改变岗位性质三年以上的，其岗位培训合格证书自行失效。⑤任何单位和个人不得伪造、涂改、出借、转让岗位培训合格证书。岗位培训合格证书如有遗失，须由本人提出书面申请，经本单位确认，方可由国家新闻出版行政部门或省（自治区、直辖市）新闻出版行政部门指定的培训机构按相关规定审核补发。

5.图书出版专业技术人员职业资格分为哪几类？

图书出版专业技术人员包括在图书出版单位内承担内容加工整理、装帧和版式设计等工作的编辑人员和校对人员。国家对从事图书出版专业技术工作的人员实行职业资格制度，对职业资格实行登记注册管理。

图书出版专业技术人员职业资格分为初级、中级和高级。初级、中级职业资格通过全国出版专业技术人员职业资格考试取得。高级职业资格通过考试，按规定评审取得。

6.国家对图书出版专业技术人员在职业资格管理上有哪些要求？

根据《出版专业技术人员职业资格管理规定》：①凡在出版单位从事图书出版专业技术工作的人员，必须在到岗两年内取得出版专业职业资格证书，并按《出版专业技术人员职业资格管理规定》办理登记手续。否则，不得继续从事出版专业技术工作。在图书出版单位担任责任编辑的人员必须在到岗前取得中级以上出版专业职业资格，并办理注册手续，领取责任编辑证书。②在图书出版单位担任社长、总编辑、编辑室主任（均含副职）职务的人员，除应具备国家规定的任职条件外，还必须具有中级以上出版专业职业资格并履行登记、注册手续。③图书出版专业技术人员应按照规定参加继续教育。

7. 图书出版专业技术人员如何进行职业资格登记？

《出版专业技术人员职业资格管理规定》指出：中央在京图书出版单位出版专业技术人员职业资格登记注册工作由国家新闻出版行政部门负责。各省、自治区、直辖市新闻出版行政部门负责本行政区域内的出版专业技术人员职业资格登记注册及管理工作。规定指明：①已取得出版专业技术人员职业资格证书的人员应当在取得证书后三个月内申请职业资格登记；未能及时登记的，在按规定参加继续教育的情况下，可以保留其五年内申请职业资格登记的资格。②职业资格首次登记，应提供以下三种材料：出版专业职业资格证书原件、身份证复印件、职业资格登记申请表。③职业资格登记材料由申请人所在出版单位统一报送，登记部门在受理后二十日内办理职业资格登记手续。

8. 图书出版专业技术人员如何进行职业资格续展登记？

《出版专业技术人员职业资格管理规定》指明：①职业资格登记有效期为三年，每三年续展登记一次。续展登记时，由申请人所在出版单位于有效期满前三十日内申请办理续展登记手续；如有特殊情况，登记有效期可适当延长，但最长不超过三个月，逾期仍不办理续展登记手续的，原登记自动失效。职业资格登记失效后，按规定参加继续教育的，可以保留其五年内申请职业资格续展登记的资格。②已按规定办理责任编辑注册手续并取得责任编辑证书的人员，无需办理续展登记。③职业资格续展登记需要提交三种材料：出版专业职业资格证书原件、职业资格续展登记申请表、近三年继续教育证明。④已登记的图书出版专业技术人员变更图书出版单位或取得高一级职业资格的，应在三个月内申请变更登记。

9.什么是责任编辑？从事责任编辑工作需具备哪些条件？

责任编辑是指在出版单位为保证出版物的质量符合出版要求，专门负责对拟出版的作品内容进行全面审核和加工整理并在出版物上署名的编辑人员。从事责任编辑的人员必须具有中级以上出版专业职业资格，并进行了职业资格登记，办理了责任编辑注册，取得责任编辑证书。

10.责任编辑如何进行首次注册？

《出版专业技术人员职业资格管理规定》要求：①申请责任编辑注册的人员应具备与责任编辑岗位相适应的政治素质、业务能力和职业道德，图书出版单位应对拟申请责任编辑注册人员的上述情况进行审核。②责任编辑首次注册应当提交四种材料：中级以上出版专业职业资格证书原件、身份证复印件、责任编辑注册申请表、继续教育证明材料。缺少以上任何材料，均不能进行注册。③责任编辑注册材料由申请人所在出版单位统一报送。国家新闻出版行政部门负责中央在京出版单位注册材料的受理，其他出版单位注册材料由所在地省、自治区、直辖市新闻出版行政部门受理。注册部门应在受理后二十日内办理责任编辑注册手续，为同意注册者颁发责任编辑证书。

11.责任编辑如何进行续展注册？

责任编辑注册有效期三年，每三年续展注册一次。《出版专业技术人员职业资格管理规定》要求续展注册时：①由申请人所在出版单位于有效期满前三十日内申请办理续展注册手续；如有特殊情况，注册有效期可适当延长，但最长不超过三个月，逾期仍不办理续展注册手续的，原注册自动失效。②责任编辑注册失效后，按规定参加继续教育的，可以保留其五年内申请责任编辑续展注册的资格。③申请责任编辑续展注册应提交以下三种材料：责任编辑证书原件、责任编辑续展注册申请表、近三年继续教育证明材料。若不符合以上要求，则不能进行责任编辑的续展注册。④责任编辑受到出版行政部门警告情节严重的，或连续两次年度考核达不到岗位职责要求的，有国家新闻出版行政部门认定不予续展注册的其他特殊情形的，不予续展注册，并注销责任编辑证书。

12.责任编辑证书有哪些管理上的要求？

责任编辑证书是新闻出版行政部门对取得中级以上出版专业职业资格的技术人员进行职业资格登记，同意其注册申请时所颁发的证明该人员具有责任编辑资格、可从事责任编辑工作的证书。

责任编辑证书由国家新闻出版行政部门统一印制，须在持证人照片加盖全国或省级出版专业技术人员职业登记注册机构钢印后方有效。责任编辑证书有效期为三年，每满三年进行一次审核。有参与买卖书号、刊号、版号等违反出版法规行为，或担任责任编辑的出版物出现内容质量、编校质量等违法问题，情节严重的，将被注销责任编辑证书。被注销责任编辑证书的人员，三年内不得进行责任编辑注册。责任编辑调离出版单位并不再从事责任编辑工作的，由原所在的出版单位收回责任编辑证书，并交原注册机构统一销毁。国家新闻出版行政部门定期向社会公布取得责任编辑证书的人员姓名、所在单位、证书编号等信息，接受社会监督。

13.什么是图书出版专业技术人员继续教育?

图书出版专业技术人员继续教育是指对图书出版专业技术人员进行的以政治理论、法律法规、业务知识、技能训练和职业道德等为内容的教育活动,其目的是促进图书出版专业技术人员坚持正确的出版方向,不断增加、补充、拓展专业知识,提高业务技能,提高创新水平和专业技术水平。

14.国家对图书出版专业技术人员参加继续教育的时间有什么要求?

图书出版专业技术人员每年参加继续教育的时间累计不少于72小时。其中,接受国家新闻出版行政部门当年规定内容的面授形式继续教育不少于24小时。其余48小时可自愿选择参加省级以上新闻出版行政部门认可的继续教育,这些教育形式主要包括:省级以上新闻出版行政部门公布的继续教育机构组织的各类培训活动;省级以上新闻出版行政部门认可的全国出版专业技术职业资格考试考前培训;被省级以上新闻出版行政部门认可的其他形式,包括国际出版培训活动、国内专业研讨活动等。

15.哪些形式的在职自学时间可折合为图书出版专业技术人员继续教育时间?

根据《出版专业技术人员继续教育暂行规定》,在职自学是出版专业技术人员继续教育的重要补充。国家鼓励出版专业技术人员参加在职自学。在职自学时间可折合为继续教育时间。省级以上新闻出版行政部门视具体情况确定折合方式。在职自学形式主要包括:参加普通高等院校或成人院校举办的国家承认相关专业学历、学位的教育;接受省级以上新闻出版行政部门认可的与出版业务相关的远程教育和网上培训；省级以上新闻出版行政部门认可的其他在职自学形式。

16.支持和促进图书出版专业技术人员参加继续教育有哪些政策措施？

根据《出版专业技术人员继续教育暂行规定》：①出版单位应当按照有关规定足额提取职工工资总额的1.5%～2.5%作为职工教育经费；应当将出版专业技术人员参加继续教育情况作为其任职、晋升的依据之一；应当加强出版专业技术人员业务档案、诚信档案建设，如实记载出版专业技术人员接受继续教育情况。②出版专业技术人员由于伤、病、孕等特殊原因，无法在当年完成继续教育时间的，可由本人所在出版单位提供证明，经归口管理的省级以上新闻出版行政部门审核确认后，其应参加继续教育的时间可以顺延下一年度合并完成。省级以上新闻出版行政部门将在下一年度的继续教育合格证书中予以注明。③省级以上新闻出版行政部门负责对出版专业技术人员参加继续教育情况进行考核。对未按规定参加继续教育或者无正当理由未完成继续教育规定时间的出版专业技术人员，不予进行出版职业资格的登记、注册或续展登记、注册；对未按规定参加继续教育或者无正当理由未完成继续教育规定时间的出版专业技术人员所在出版单位，视情节轻重，采取通报批评、责令改正等处理措施。

17.图书出版单位总编辑有什么任职条件？

国家相关文件要求，图书出版单位必须设置总编辑岗位，中小型出版社可由符合总编辑任职条件的社长兼任总编辑，行使总编辑职责。出任图书出版单位总编辑的人员必须符合四大任职条件:①政治立场坚定,坚持正确的出版方向,有强烈的事业心和责任感。②具有出版专业副高级以上专业技术职务,具备对编辑出版业务把关和管理的能力,熟悉国家有关出版的法律、法规及相关政策。③一般应具有五年以上编辑工作实践经验,三年以上出版单位副职领导工作经历。④须经过新闻出版行政部门组织的岗位培训,取得岗位培训合格证书后持证上岗。

18.图书出版单位总编辑的职责是什么?

图书出版单位总编辑属于行政职务,负责业务工作的领导,其工作职责是:①把握出版导向和出版方向,坚持以社会效益为最高准则,努力实现社会效益与经济效益的有机结合。②负责组织制订并落实中长期选题规划、年度选题计划和出版计划;负责组织选题策划和产品研发,特别是加强具有原创性内容的选题策划和产品研发;组织选题的论证和审批;组织重点选题的立项工作。③组织、指挥、协调图书特别是重点图书的组稿、编辑、校对、生产等工作,确保出版业务流程各环节畅通有序;负责组织实施新技术在出版业务中的运用,促进出版主业的科学发展和提升。④负责图书质量工作,实施图书质量保障体系,落实图书责任编辑制度和三审责任制度,组织制订并落实图书质量管理办法,确保图书质量。⑤协助法定代表人进行经营管理工作,提出图书营销方案建议,并且推动营销计划的实施。⑥负责版权管理工作,受法定代表人的委托,代表出版单位与作者签订“约稿合同”及“出版合同”,做好作者队伍建设工作。负责出版业务的对外交流与合作工作。⑦负责出版单位编辑等出版专业技术人员的人力资源建设工作,指导出版专业技术人员的业务培训和考核工作。⑧负责完成法定代表人授权、交办的其他工作任务。

19.全国新闻出版行业领军人才遴选条件是什么？

遴选新闻出版行业领军人才是国家新闻出版行政部门组织实施新闻出版行业领军人才工程所开展的一项工作，旨在联系、宣传、培养适应国家新闻出版事业发展需要的领军人才。新闻出版行业领军人物的遴选条件如下：

（1）热爱祖国，热爱人民，认真学习贯彻邓小平理论和“三个代表”重要思想，牢固树立科学发展观和社会主义荣辱观，拥护党的路线、方针、政策，具有强烈的事业心和高度的社会责任感，有良好的思想品德和职业道德，遵守国家的法律法规。

（2）具有本科以上文化程度，被评聘为新闻出版或相关专业副高级（含）以上专业技术职务，身体健康，年龄在50周岁以下（个别资深专家和各领域的代表人物不受此限）。其中，45周岁以下的要占一定的比例。

（3）工作实绩突出，专业成果显著，在本领域拥有较高的知名度，在全行业具有一定的影响力。①学术领军人才条件：有较高的新闻或出版理论研究水平，出版或发表过有较高水准和较大影响的学术专著、论文，主持完成或正在主持国家或省部级以上与本行业发展密切相关的科研课题，担任省部级以上理论研究和学术创新团队学术带头人。②业务领军人才条件：有较高的新闻采编或出版选题策划与编辑业务水平，有同行公认的高水平业绩，其成果在国家政治文明、社会文明及和谐文化建设等方面发挥了重要作用，获得过国家级新闻或出版奖项。③管理领军人才条件：有较强的行政管理能力和领导水平，深刻了解新闻、出版领域状况，积极探索创新国家和地方新闻出版行政管理与执法的思路和方式，在国家和地方新闻出版体制改革进程中取得突出成绩，在行业建设、人才培养、事业发展等方面发挥了重要作用。④经营领军人才条件：有较强的经营管理和市场开发能力，大胆探索出版单位经营体制机制改革，把社会效益和经济效益有机结合起来，在出版单位自身经营管理和国际化营销工作中业绩突出，在产业化建设和版权贸易工作中成果显著，引领本单位健康、协调和可持续发展，打造出为同行所公认的品牌产品和经营模式。⑤技术领军人才条件：有较高的印刷、复制、校对、发行技能水平，在生产技术和工艺流程创新，采用科学管理和先进技术，提高出版物生产和发行质量等方面取得显著成绩。

(4)获得国务院政府特殊津贴及省部级以上新闻出版等业务奖项的可优先推荐。不具备上述个别条件，但德才素质好、发展潜力大、近年来工作业绩突出的优秀中青年人才可适当放宽条件。

(5)新闻出版行业领军人才遴选与培养工作要坚持优中选优、涵盖各领域及专业方向的原则，每年在全国遴选 25～30 人，以构成新闻出版行业领军人才的“国家队”。

附录

一、中华人民共和国国家通用语言文字法

（2000 年 10 月 31 日第九届全国人民代表大会常务委员会第十八次会议通过）

第一章　总则

第一条　为推动国家通用语言文字的规范化、标准化及其健康发展，使国家通用语言文字在社会生活中更好地发挥作用，促进各民族、各地区经济文化交流，根据宪法，制定本法。

第二条　本法所称的国家通用语言文字是普通话和规范汉字。

第三条　国家推广普通话，推行规范汉字。

第四条　公民有学习和使用国家通用语言文字的权利。

国家为公民学习和使用国家通用语言文字提供条件。

地方各级人民政府及其有关部门应当采取措施，推广普通

话和推行规范汉字。

第五条　国家通用语言文字的使用应当有利于维护国家主权和民族尊严，有利于国家统一和民族团结，有利于社会主义物质文明建设和精神文明建设。

第六条　国家颁布国家通用语言文字的规范和标准，管理国家通用语言文字的社会应用，支持国家通用语言文字的教学和科学研究，促进国家通用语言文字的规范、丰富和发展。

第七条　国家奖励为国家通用语言文字事业做出突出贡献的组织和个人。

第八条　各民族都有使用和发展自己的语言文字的自由。

少数民族语言文字的使用依据宪法、民族区域自治法及其他法律的有关规定。

第二章　国家通用语言文字的使用

第九条　国家机关以普通话和规范汉字为公务用语用字。法律另有规定的除外。

第十条　学校及其他教育机构以普通话和规范汉字为基本的教育教学用语用字。法律另有规定的除外。

学校及其他教育机构通过汉语文课程教授普通话和规范汉字。使用的汉语文教材，应当符合国家通用语言文字的规范和标准。

第十一条　汉语文出版物应当符合国家通用语言文字的规范和标准。

汉语文出版物中需要使用外国语言文字的，应当用国家通用语言文字做必要的注释。

第十二条　广播电台、电视台以普通话为基本的播音用语。

需要使用外国语言为播音用语的，须经国务院广播电视部门批准。

第十三条　公共服务行业以规范汉字为基本的服务用字。因公共服务需要，招牌、广告、告示、标志牌等使用外国文字并同时使用中文的，应当使用规范汉字。

提倡公共服务行业以普通话为服务用语。

第十四条　下列情形，应当以国家通用语言文字为基本的用语用字：

（一）广播、电影、电视用语用字；

（二）公共场所的设施用字；

（三）招牌、广告用字；

（四）企业事业组织名称；

（五）在境内销售的商品的包装、说明。

第十五条　信息处理和信息技术产品中使用的国家通用语言文字应当符合国家的规范和标准。

第十六条　本章有关规定中，有下列情形的，可以使用方言：

（一）国家机关的工作人员执行公务时确需使用的；

（二）经国务院广播电视部门或省级广播电视部门批准的播音用语；

（三）戏曲、影视等艺术形式中需要使用的；

（四）出版、教学、研究中确需使用的。

第十七条　本章有关规定中，有下列情形的，可以保留或使用繁体字、异体字：

（一）文物古迹；

（二）姓氏中的异体字；

（三）书法、篆刻等艺术作品；

（四）题词和招牌的手书字；

（五）出版、教学、研究中需要使用的；

（六）经国务院有关部门批准的特殊情况。

第十八条　国家通用语言文字以《汉语拼音方案》作为拼写和注音工具。

《汉语拼音方案》是中国人名、地名和中文文献罗马字母拼写法的统一规范，并用于汉字不便或不能使用的领域。

初等教育应当进行汉语拼音教学。

第十九条　凡以普通话作为工作语言的岗位，其工作人员应当具备说普通话的能力。

以普通话作为工作语言的播音员、节目主持人和影视话剧演员、教师、国家机关工作人员的普通话水平，应当分别达到国家规定的等级标准；对尚未达到国家规定的普通话等级标准的，分别情况进行培训。

第二十条　对外汉语教学应当教授普通话和规范汉字。

第三章　管理和监督

第二十一条　国家通用语言文字工作由国务院语言文字工作部门负责规划指导、管理监督。

国务院有关部门管理本系统的国家通用语言文字的使用。

第二十二条　地方语言文字工作部门和其他有关部门，管理和监督本行政区域内的国家通用语言文字的使用。

第二十三条　县级以上各级人民政府工商行政管理部门依法对企业名称、商品名称以及广告的用语用字进行管理和监督。

第二十四条　国务院语言文字工作部门颁布普通话水平测

试等级标准。

第二十五条　外国人名、地名等专有名词和科学技术术语译成国家通用语言文字，由国务院语言文字工作部门或者其他有关部门组织审定。

第二十六条　违反本法第二章有关规定，不按照国家通用语言文字的规范和标准使用语言文字的，公民可以提出批评和建议。

本法第十九条第二款规定的人员用语违反本法第二章有关规定的，有关单位应当对直接责任人员进行批评教育；拒不改正的，由有关单位做出处理。

城市公共场所的设施和招牌、广告用字违反本法第二章有关规定的，由有关行政管理部门责令改正；拒不改正的，予以警告，并督促其限期改正。

第二十七条　违反本法规定，干涉他人学习和使用国家通用语言文字的，由有关行政管理部门责令限期改正，并予以警告。

第四章　附则

第二十八条　本法自 2001 年 1 月 1 日起施行。

二、使用文字作品支付报酬办法

（2014年8月21日经国家版权局局务会议通过，并经国家发展和改革委员会同意，于2014年9月23日公布，自2014年11月1日起施行。）

第一条　为保护文字作品著作权人的著作权，规范使用文字作品的行为，促进文字作品的创作与传播，根据《中华人民共和国著作权法》及相关行政法规，制定本办法。

第二条　除法律、行政法规另有规定外，使用文字作品支付报酬由当事人约定；当事人没有约定或者约定不明的，适用本办法。

第三条　以纸介质出版方式使用文字作品支付报酬可以选择版税、基本稿酬加印数稿酬或者一次性付酬等方式。

版税，是指使用者以图书定价×实际销售数或者印数×版税率的方式向著作权人支付的报酬。

基本稿酬，是指使用者按作品的字数，以千字为单位向著作权人支付的报酬。

印数稿酬，是指使用者根据图书的印数，以千册为单位按基本稿酬的一定比例向著作权人支付的报酬。

一次性付酬，是指使用者根据作品的质量、篇幅、作者的知名度、影响力以及使用方式、使用范围和授权期限等因素，一次性向著作权人支付的报酬。

第四条　版税率标准和计算方法：

（一）原创作品：3%～10%

（二）演绎作品：1%～7%

采用版税方式支付报酬的，著作权人可以与使用者在合同中约定，在交付作品时或者签订合同时由使用者向著作权人预付首次实际印数或者最低保底发行数的版税。

首次出版发行数不足千册的，按千册支付版税，但在下次结算版税时对已经支付版税部分不再重复支付。

第五条　基本稿酬标准和计算方法：

(一)原创作品：每千字 80～300 元，注释部分参照该标准执行。

(二)演绎作品：

1.改编：每千字 20～100 元

2.汇编：每千字 10～20 元

3.翻译：每千字 50～200 元

支付基本稿酬以千字为单位，不足千字部分按千字计算。

支付报酬的字数按实有正文计算，即以排印的版面每行字数乘以全部实有的行数计算。占行题目或者末尾排不足一行的，按一行计算。

诗词每十行按一千字计算，作品不足十行的按十行计算。

辞书类作品按双栏排版的版面折合的字数计算。

第六条　印数稿酬标准和计算方法：

每印一千册，按基本稿酬的 1% 支付。不足一千册的，按一千册计算。

作品重印时只支付印数稿酬，不再支付基本稿酬。

采用基本稿酬加印数稿酬的付酬方式的，著作权人可以与使用者在合同中约定，在交付作品时由使用者支付基本稿酬的 30%～50%。除非合同另有约定，作品一经使用，使用者应当在 6 个月内付清全部报酬。作品重印的，应在重印后 6 个月内付清印数稿酬。

第七条　一次性付酬的，可以参照本办法第五条规定的基本稿酬标准及其计算方法。

第八条　使用演绎作品，除合同另有约定或者原作品已进入公有领域外，使用者还应当取得原作品著作权人的许可并支付报酬。

第九条　使用者未与著作权人签订书面合同，或者签订了书面合同但未约定付酬方式和标准，与著作权人发生争议的，应当按本办法第四条、第五条规定的付酬标准的上限分别计算报酬，以较高者向著作权人支付，并不得以出版物抵作报酬。

第十条　著作权人许可使用者通过转授权方式在境外出版作品，但对支付报酬没有约定或约定不明的，使用者应当将所得报酬扣除合理成本后的70%支付给著作权人。

第十一条　报刊刊载作品只适用一次性付酬方式。

第十二条　报刊刊载未发表的作品，除合同另有约定外，应当自刊载后1个月内按每千字不低于100元的标准向著作权人支付报酬。

报刊刊载未发表的作品，不足五百字的按千字作半计算；超过五百字不足千字的按千字计算。

第十三条　报刊依照《中华人民共和国著作权法》的相关规定转载、摘编其他报刊已发表的作品，应当自报刊出版之日起2个月内，按每千字100元的付酬标准向著作权人支付报酬，不足五百字的按千字作半计算，超过五百字不足千字的按千字计算。

报刊出版者未按前款规定向著作权人支付报酬的，应当将报酬连同邮资以及转载、摘编作品的有关情况送交中国文字著作权协会代为收转。中国文字著作权协会收到相关报酬后，应当按相关规定及时向著作权人转付，并编制报酬收转记录。

报刊出版者按前款规定将相关报酬转交给中国文字著作权协会后，对著作权人不再承担支付报酬的义务。

第十四条　以纸介质出版方式之外的其他方式使用文字作品，除合同另有约定外，使用者应当参照本办法规定的付酬标准和付酬方式付酬。

在数字或者网络环境下使用文字作品，除合同另有约定外，使用者可以参照本办法规定的付酬标准和付酬方式付酬。

第十五条　教科书法定许可使用文字作品适用《教科书法定许可使用作品支付报酬办法》。

第十六条　本办法由国家版权局会同国家发展和改革委员会负责解释。

第十七条　本办法自 2014 年 11 月 1 日起施行。国家版权局 1999 年 4 月 5 日发布的《出版文字作品报酬规定》同时废止。

三、图书出版合同(标准样式)

(国家版权局1999年3月修订)

甲方(著作权人): 地址:

乙方(出版者): 地址:

作品名称:

作品署名:

甲乙双方就上述作品的出版达成如下协议:

第一条 甲方授予乙方在合同有效期内,在(中国大陆、中国香港、中国台湾、或其他国家和地区、全世界)* 以图书形式出版发行上述作品(汉文、×文)* 文本的专有使用权。

第二条 根据本合同出版发行的作品不得含有下列内容:

(一)反对宪法确定的基本原则;

(二)危害国家统一、主权和领土完整;

(三)危害国家、荣誉和利益;

(四)煽动民族分裂,侵害少数民族风俗习惯,破坏民族团结;

(五)泄露国家机密;

(六)宣扬淫秽、迷信或者渲染暴力,危害社会公德和民族优秀文化传统;

(七)侮辱或者诽谤他人;

(八)法律、法规规定禁止的其他内容。

第三条 甲方保证拥有第一条授予乙方的权利。因上述权利的行使侵犯他人著作权的,甲方承担全部责任并赔偿因此给乙方造成的损失,乙方可终止合同。

第四条　甲方的上述作品含有侵犯他人名誉权、肖像权、姓名权等人身权内容的，甲方承担全部责任并赔偿因此给乙方造成的损失，乙方可以终止合同。

第五条　上述作品的内容、篇幅、体例、图表、附录等应符合下列要求：

（补充具体要求）

第六条　甲方应于　　年　　月　　日前将上述作品的誊清稿交付乙方。甲方不能按时交稿的，应在交稿期限届满前　日通知乙方，双方另行约定交稿日期。甲方到期仍不能交稿的，应按本合同第十一条约定报酬的　　%向乙方支付违约金，乙方可以终止合同。

甲方交付的稿件应有作者的签章。

第七条　乙方应于　　年　　月　　日前出版上述作品，最低印数为　　册，乙方不能按时出版的，应在出版期限届满前　日通知甲方，并按本合同第十一条约定报酬的　　%向甲方支付违约金，双方另行约定出版日期。乙方在另行约定期限内仍不出版的，除非因不可抗力所致，乙方应按本合同第十一条约定向甲方支付报酬和归还作品原件，并按该报酬的　　%向甲方支付赔偿金，甲方可以终止合同。

第八条　在合同有效期内，未经双方同意，任何一方不得将第一条约定的权利许可第三方使用。如有违反，另一方有权要求经济赔偿并终止合同。一方经对方同意许可第三方使用上述权利，应将所得报酬的　　%交付对方。

第九条　乙方尊重甲方确定的署名方式。乙方如需更动上述作品的名称，对作品进行修改、删节、增加图表及前言、后记，应征得甲方同意，并经甲方书面认可。

第十条　上述作品的校样由乙方审校。(上述作品的校样由甲方审样。甲方应在　　日内签字后退还乙方。甲方未按期审校,乙方可自行审校,并按计划付印。因甲方修改造成版面改动超过　　%或未能按期出版,甲方承担改版费用或推迟出版的责任。)*

第十一条　乙方采用下列方式及标准之一向甲方支付报酬:

(一)基本稿酬加印数稿酬:　　元/每千字×千字+印数(以千册为单位)×基本稿酬　　%。

或

(二)一次性付酬　　元。

或

(三)版税:　　元(图书定价)×　　%(版税率)×印数。

第十二条　以基本稿酬加印数稿酬方式付酬的,乙方应在上述作品出版后　　日内向甲方支付报酬,但最长不得超过半年。

或

以一次性支付方式付酬的,乙方在甲方交稿后　　日内向甲方付清。

或

以版税方式付酬的,乙方在出版后　　日内向甲方付清。

乙方在合同签字后　　日内,向甲方预付上述报酬的　　%(　　元)。*

乙方未在约定期限内支付报酬的,甲方可以终止合同并要求乙方继续履行付酬的义务。

第十三条　甲方交付的稿件未达到合同第五条约定的要

求，乙方有权要求甲方进行修改，如甲方拒绝按照合同的约定修改，乙方有权终止合同并要求甲方返还本合同第十二条约定的预付报酬。如甲方同意修改，且反复修改仍未达到合同第五条的要求，预付报酬不返还乙方；如未支付预付报酬，乙方按合同第十一条约定报酬的　　%向甲方支付酬金，并有权终止合同。

第十四条　上述作品首次出版　　年内，乙方可以自行决定重印。首次出版　　年后，乙方重印应事先通知甲方。如果甲方需要对作品进行修改，应于收到通知后　　日内答复乙方，否则乙方可按原版重印。

第十五条　乙方重印、再版，应将印数通知甲方，并在重印、再版　　日内按第十一条的约定向甲方支付报酬。

第十六条　甲方有权核查乙方应向甲方支付报酬的账目。如甲方指定第三方进行核查，需提供书面授权书。如乙方故意少付甲方应得的报酬，除向甲方补齐应付报酬外，还应支付全部报酬　　%的赔偿金并承担核查费用。如核查结果与乙方提供的应付报酬相符，核查费用由甲方承担。

第十七条　在合同有效期内，如图书脱销，甲方有权要求乙方重印、再版。如甲方收到乙方拒绝重印、再版的书面答复，或乙方收到甲方重印、再版的书面要求后　　月内未重印、再版，甲方可以终止合同。

第十八条　上述作品出版后　　日内乙方应将作品原稿退还甲方。如有损坏，应赔偿甲方　　元；如有遗失，赔偿　　元。

第十九条　上述作品首次出版后　　日内，乙方向甲方赠样书　　册，并以　　折价售予甲方图书　　册。每次再版后　　日内，乙方向甲方赠样书　　册。

第二十条　在合同有效期内乙方按本合同第十一条（一）基

本稿酬加印数稿酬方式，或者按本合同第十一条（二）一次性付酬方式向甲方支付报酬的，出版上述作品的修订本、缩编本的付酬的方式和标准应由双方另行约定。

第二十一条　在合同有效期内，甲方许可第三方出版包含上述作品的选集、文集、全集的，须取得乙方许可。

在合同有效期内，乙方出版包含上述作品的选集、文集、全集或者许可第三方出版包含上述作品的选集、文集、全集的，须另行取得甲方书面授权。乙方取得甲方授权的，应及时将出版包含上述作品选集、文集、全集的情况通知甲方，并将所得报酬　　%交付甲方。

第二十二条　在合同有效期内，甲方许可第三方出版上述作品的电子版的，须取得乙方的许可。

在合同有效期内，乙方出版上述作品电子版或者许可第三方出版上述作品电子版的，须另行取得甲方书面授权。乙方取得甲方授权的，应及时将出版上述作品电子版的情况通知甲方，并将所取得报酬的　　%交付甲方。

第二十三条　未经甲方书面许可，乙方不得行使本合同第一条授权范围以外的权利。

[甲方授权乙方代理行使　　（本合同第一条授权范围以外）* 使用上述作品的权利，其使用所得报酬甲乙双方按　　比例分成。]

第二十四条　双方因合同的解释或履行发生争议，由双方协商解决。协商不成将争议提交　　仲裁机构仲裁（向人民法院提起诉讼）。*

第二十五条　合同的变更、续签及其他未尽事宜，由双方另行商定。

第二十六条　本合同自签字之日起生效，有效期为　　年。

第二十七条　本合同一式两份，双方各执一份为凭。

甲方：　　　　　　　　　　乙方：

（签章）　　　　　　　　　（签章）

年　月　日　　　　　　　　年　月　日

注：带＊的为选择性内容。

四、字行、字体、字级

初小一小二小三小四小五小六小七八

号初号一号二号三号四号五号六号号

杨杨杨杨杨杨杨杨杨杨杨杨杨杨杨（黑体）

杨杨杨杨杨杨杨杨杨杨杨杨杨杨杨（宋体）

杨杨杨杨杨杨杨杨杨杨杨杨杨杨杨（楷体）

杨杨杨杨杨杨杨杨杨杨杨杨杨杨杨（仿宋）

杨杨杨杨杨杨杨杨杨杨杨杨杨杨杨（小标宋）

杨杨杨杨杨杨杨杨杨杨杨杨杨杨杨（隶书）

杨杨杨杨杨杨杨杨杨杨杨杨杨杨杨杨（魏碑）

杨杨杨杨杨杨杨杨杨杨杨杨杨杨杨杨（行楷）

杨杨杨杨杨杨杨杨杨杨杨杨杨杨杨杨（准圆）

杨杨杨杨杨杨杨杨杨杨杨杨杨杨杨杨（粗圆）

杨杨杨杨杨杨杨杨杨杨杨杨杨杨杨杨（姚体）

五、校对符号及其使用

编号	符号形态	符号作用	符号在文中和页边用法示例	说明
一、字符的改动				
1	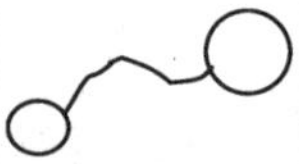	改正		改正的字符较多,圈起来有困难时,可用线在页边画清改正的范围。必须更换的损、坏、污字也用改正符号画出。
2		删除		
3		增补必须提高		增补的字符较多,圈起来有困难时,可用线在页边画清增补的范围。
4	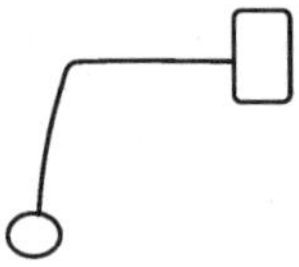	改正上下角	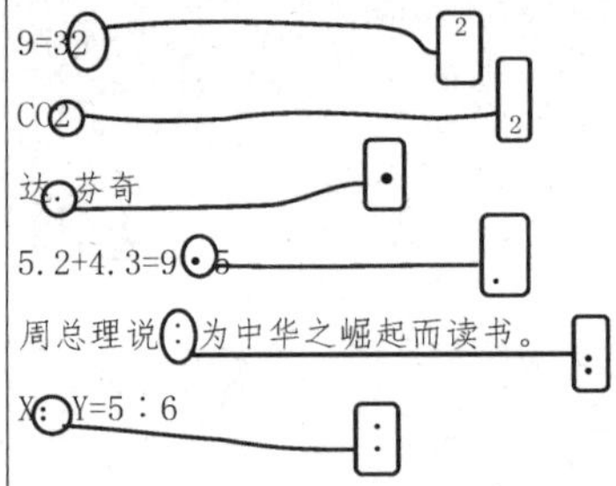	
二、字符方向位置的移动				
5		转正		
6	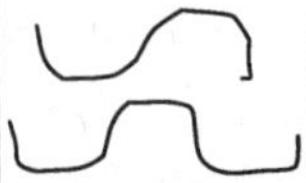	对调	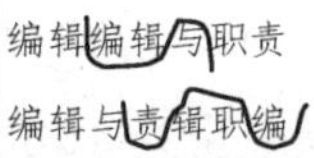	用于相邻的字词。 用于隔开的字词。

续表

编号	符号形态	符号作用	符号在文中和页边用法示例	说明
7	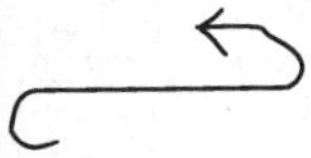	接排	书稿符合图书出版要求， 可进入编辑加工流程。	
8		另起段	是否达到法定的出版标准。编辑加工的 目的……	
9	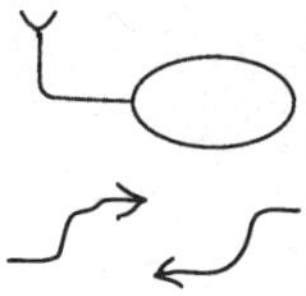	转移	基本职责包括校异同和校是非两个方 面校对的。 ”。以上引文均见《 马克思恩格斯全集》（第六卷） 编者　年　月 …… 各位编委：	用于行间附近的转移。 用于相邻行首末衔接字符的转移。 用于相邻页首末衔接行段的转移。
10	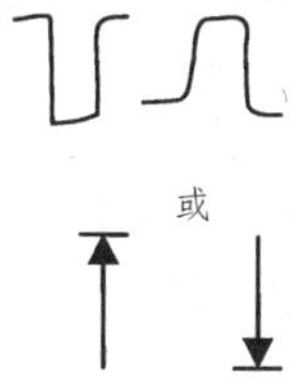	上下移	编号 | 姓名 | 年龄 001 | 李婷 | 19	字符上移到缺口左右水平线处。 字符下移到箭头所指的短线处。
11	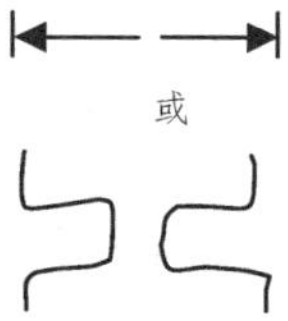	左右移	编辑和校对人员在标注修 改时，必须使用正确的校对符号。 传统基本校对方法包括4种：对校法、 本校法、他校法和理校法。	字符左移到箭头所指的短线处。 字符左移到缺口上下垂直线处。 符号画得太小时，要在页边重标。

续表

编号	符号形态	符号作用	符号在文中和页边用法示例	说明
12	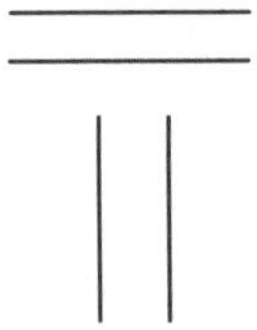	排齐	校对是出版 工 作 的一个重要环节。 必须提高印刷质量，缩短印制周期。 图 书 质 量	
13		排阶梯形	RH2	按标注修改后正确的为：R_{H_2}。
14		正图	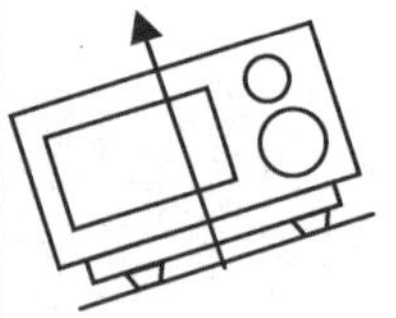	符号横线表示水平位置，竖线表示垂直位置，箭头表示上方。
三、字符间空距的改动				
15		加大空距	一、校异同 校对是一项极为细致的、专业性很强的技术工作，是编辑工作的辅助和补充。	表示在一定范围内适当加大字距。 横式文字画在字头和行头之间。
16		减小空距	2. 校是 非 校对是一项极为细致的、 专业性很强的技术工作， 是编辑工作的辅助和补充。	表示不空或在一定范围内适当减小字距。 横式文字画在字头和行头之间。
17		空 1 字距 空 1/2 字距 空 1/3 字距 空 1/4 字距	第一节校对与核样 1. 校对符号	多个空距相同的，可用引线连出，只标示一个符号。

续表

编号	符号形态	符号作用	符号在文中和页边用法示例	说明
18		分开	Goodluck!	用于外文。
		四、其他		
19	△	保留	从事校对工作的人员也称为校对。	除在原删除的字符下面画△外，并在原删除符号上画两竖线。
20	○ ＝	代替	粉红墙上画凤凰，凤凰画在粉红墙。 红凤凰、粉凤凰，红粉凤凰、花凤凰。 ○＝凤	同页内有两个或多个相同的字符需要改正的，可用符号代替，并在页边注明。
21	∘∘∘	说明	第一节 校对方法 / 改黑体 ∘∘∘	说明或指令性文字不要圈起来，在其字下画圈，表示不作为改正的文字。如说明文字较多时，可在首末各三字下画圈。

六、图书编校质量差错率计算方法

一、图书编校差错率

图书编校差错率，是指一本图书的编校差错数占全书总字数的比率，用万分比表示。实际鉴定时，可以依据抽查结果对全书进行认定。如检查的总字数为10万，检查后发现两个差错，则其差错率为0.2／10000。

二、图书总字数的计算方法

图书总字数的计算方法，一律以该书的版面字数为准，即：总字数＝每行字数×每面行数×总面数。

1. 除环衬等空白面不计字数外，凡连续编排页码的正文、目录、辅文等，不论是否排字，均按一面满版计算字数。分栏排版的图书，各栏之间的空白也计算版面字数。

2. 书眉（或中缝）和单排的页码、边码作为行数或每行字数计入正文，一并计算字数。

3. 索引、附录等字号有变化时，分别按实际版面计算字数。

4. 用小号字排版的脚注文字超过5行不足10行的，该面按正文满版字数加15％计算；超过10行的，该面按注文满版计算字数。对小号字排版的夹注文字，可采用折合行数的方法，比照脚注文字进行计算。

5. 封一、封二、封三、封底、护封、封套、扉页，除空白面不计以外，每面按正文满版字数的50％计算；版权页、书脊、有文字的勒口，各按正文的一面满版计算。

6. 正文中的插图、表格，按正文的版面字数计算；插图占一面的，按正文满版字数的20%计算字数。

7. 以图片为主的图书，有文字说明的版面，按满版字数的50%计算；没有文字说明的版面，按满版字数的20%计算。

8. 乐谱类图书、地图类图书，按满版字数全额计算。

9. 外文图书、少数民族文字图书，拼音图书的拼音部分，以对应字号的中文满版字数加30%计算。

三、图书编校差错的计算方法

1. 文字差错的计算标准

(1)封底、勒口、版权页、正文、目录、出版说明（或凡例）、前言（或序）、后记（或跋）、注释、索引、图表、附录、参考文献等中的一般性错字、别字、多字、漏字、倒字，每处计1个差错。前后颠倒字，可以用一个校对符号改正的，每处计1个差错。书眉（或中缝）中的差错，每处计1个差错；同样性质的差错重复出现，全书按一面差错基数加1倍计算。阿拉伯数字、罗马数字差错，无论几位数，都计1个差错。

(2)同一错字重复出现，每面计1个差错，全书最多计4个差错。每处多、漏2～5个字，计2个差错，5个字以上计4个差错。

(3)封一、扉页上的文字差错，每处计2个差错；相关文字不一致，有一项计1个差错。

(4)知识性、逻辑性、语法性差错，每处计2个差错。

(5)外文、少数民族文字、国际音标，以一个单词为单位，无论其中几处有错，计1个差错。汉语拼音不符合《汉语拼音方案》和《汉语拼音正词法基本规则》（GB/T 16159－2012）规定的，以一个对应的汉字或词组为单位，计1个差错。

(6)字母大小写和正斜体、黑白体误用，不同文种字母混用的(如把英文字母N错为俄文字母И),字母与其他符号混用的(如把汉字的〇错为英文字母),每处计0.5个差错;同一差错在全书超过3处,计1.5个差错。

(7)简化字、繁体字混用,每处计0.5个差错;同一差错在全书超过3处,计1.5个差错。

(8)工具书的科技条目、科技类教材、学习辅导书和其他科技图书,使用计量单位不符合国家标准《量和单位》(GB 3100～3102－1993)的中文名称的、使用科技术语不符合全国科学技术名词审定委员会公布的规范词的,每处计1个差错;同一差错多次出现,每面只计1个差错,同一错误全书最多计3个差错。

(9)阿拉伯数字与汉语数字用法不符合《出版物上数字用法的规定》(GB/T 15835－2011)的,每处计0.1个差错。全书最多计1个差错。

2. 标点符号和其他符号差错的计算标准

(1)标点符号的一般错用、漏用、多用,每处计0.1个差错。

(2)小数点误为中圆点,或中圆点误为小数点的,以及冒号误为比号,或比号误为冒号的,每处计0.1个差错。专名线、着重点的错位、多、漏,每处计0.1个差错。

(3)破折号误为一字线、半字线,每处计0.1个差错。标点符号误在行首、行末的,每处计0.1个差错。

(4)外文复合词、外文单词按音节转行,漏排连接号的,每处计0.1个差错;同样差错在每面超过3个,计0.3个差错,全书最多计1个差错。

(5)法定计量单位符号、科学技术各学科中的科学符号、乐谱符号等差错,每处计0.5个差错;同样差错同一面内不重复计算,全书最多计1.5个差错。

(6)图序、表序、公式序等标注差错,每处计 0.1 个差错;全书超过3 处,计 1 个差错。

3. 格式差错的计算标准

(1)影响文意、不合版式要求的另页、另面、另段、另行、接排、空行,需要空行、空格而未空的,每处计 0.1 个差错。

(2)字体错、字号错或字体、字号同时错,每处计 0.1 个差错;同一面内不重复计算,全书最多计 1 个差错。

(3)同一面上几个同级标题的位置、转行格式不统一且影响理解的,计 0.1 个差错。

(备注:文中括注的涉及拼音、标点符号、数字用法的国家标准已修订,现按最新标准标注。)

后 POSTSCRIPT 记

“新闻出版实用知识丛书”是重庆市出版工作者协会组织重庆新闻出版业界的专家和资深从业人员共同编写的一套以介绍新闻出版业基本知识为主的实用性丛书，丛书编委会主任由重庆市出版工作者协会主席缪超群同志担任。该丛书按图书出版、报刊出版、数字出版、音像电子出版、著作权与版权贸易、出版物印刷、出版物发行七大类分册，逐一梳理和介绍新闻出版业的基本知识、基本技能和服务指南，其核心在于实用，旨在使从业人员或希望了解新闻出版业的人士一读就懂，一学就会，学以致用，学而能用。

参加《图书出版》一书的编写人员有多年从事图书出版工作的一线责任编辑、正副编审和从事多年出版管理的工作人员，他们主要有李远毅、卢旭、卢渝宁、任剑乔、黄璜、钟小族、钟孝钢、黄丽玉、黄琴、饶帮华、孙英姿、程辉、刘向东、聂昌红、张进、蒋嬰、张瑜等。此外，杨恩芳、郭翔、陈兴芜、缪超群、王增恂、米加德、刘春卉等领导、专家在组织策划、统稿、审读书稿中，对编写体例、内容修改完善等方面提出了许多宝贵的建议。重庆市文化委、重庆出版集团、重庆大学出版社、西南师范大学出版社有关人员均对本书的出版做出了指导。对以上单位和个人对于本书的关心和帮助，在此表示衷心感谢。

希望本书的出版能有助于新闻出版从业人员专业素养的提高，有助于新闻出版企事业单位人才队伍的建设，有助于新闻出版管理部门加强对行业的监管。在编写过程中，因知识水平有限，难免有不尽如人意之处，请读者不吝指正。

编者

2017 年 7 月